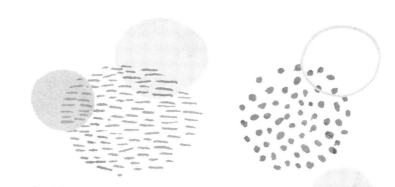

ユースソーシャルワーク

社会教育行政の新たな役割

Kajino Mitsunobu
梶野光信

はじめに

　筆者は社会教育主事として31年間、東京都教育委員会で働いてきた。そこで得た経験知を踏まえ、社会教育行政の今後の展望を描こうというのが本書のねらいである。

　東京都では、2005（平成17）年1月の第5期東京都生涯学習審議会答申で打ち出した「地域教育プラットフォーム」構想を受け、同年4月から社会教育行政の主軸を「学校教育支援」に移している。

　2006（平成18）年12月の教育基本法改正において、第13条（学校・家庭及び地域住民等の相互の連携協力）が新設され、その趣旨を反映するために2008（平成20）年6月の社会教育法が一部改正された。その改正では、社会教育主事の職務の中に、新たに「学校の求めに応じた支援」が盛り込まれることとなり、社会教育行政の学校教育支援機能が法的に位置付けられることとなった。

　このことを追い風として、東京都の社会教育主事たちは都立高校をはじめとした学校教育活動に企業やNPO等の社会資源の教育力を導入するためのコーディネーターとしての役割を発揮していった。その取組の延長線上に、東京都独自の職としてユースソーシャルワーカー（以下、YSWという）を施策化することができた。

　本書はYSWをチームとして都立高校等に派遣する仕組みである都立学校「自立支援チーム」派遣事業（以下、自立支援チームという）がどのようなプロセスを経て施策化されたのかを、企画立案・実施者を担ってきた社会教育主事の視点から描こうとしたものである。

　社会教育行政の学校教育支援機能を実質的に教育制度の中に浸透・定着させるために、社会教育行政が取り組まなければならない作業は大きく分

けて、二つあると考えている。

　一つは、社会教育行政が社会教育の手法を生かした学校支援を行うことが教員や生徒たちに大きなメリットをもたらすことを実証することである。

　二つは、真の意味での「チーム学校」を実現するために、教員たちの意識の中に根強く存在する「教育―福祉二分論」を克服することである。

　本書では、東京都の社会教育主事が何を考え、行政内部の関係者そして都立高校関係者に対し、具体的にどのようなアプローチを行い、何を成し遂げてきたのかという政策形成のプロセスをできるだけ詳しく紹介することを目指している。

　縦割り行政の弊害を克服し、施策を横断的に実施すべきという主張は多くの有識者から指摘されることである。しかし、実際に行政内の組織同士で相互に連携して問題解決にあたることは、とても困難な作業である。その理由は、組織には「権限と責任の原則」というものがあり、管理職の間で「どちらが決定者になるのか、どちらが最終的に責任を負うのか」というジレンマが生じるためである。

　「自立支援チーム」の仕組みは、縦割り行政の弊害を乗り越え、社会教育部門と指導系、学務系の学校教育部門が三位一体となって問題解決に当たろうという制度設計の下で施策化されたものである。社会教育部門と学校教育部門が組織のカベを越えて連携することは大きな困難を伴う取組であったが、社会教育主事と指導主事という教育系の専門職同士が綿密に情報交換を行い、問題意識を共有できたからこそ、大きな成果を上げることができたのである。

　理論と実践の往還させる作業をそれぞれの教育現場にいる専門職が主体的に展開していくことにより、制度の障壁（心理的障壁を含む）は乗り越えていけるのである。

　先ほど「教育―福祉二分論」について述べたが、教育行政の内部でも「学校教育―社会教育二分論」が根強く存在している。実際に社会教育主事が学校教育支援に取り組もうとした時、学校教育部門の関係者から「何

で社会教育部門が学校に関わろうとするのだ。余計なことはしてくれるな」という声が多く聞かれた。

　しかし、社会教育主事が実際に学校に出向き、学校のニーズを的確に把握し、コーディネート機能を発揮したことにより、学校と教育行政との関係が改善されるという事例がいくつも生まれてきた。このことにより、社会教育行政が学校からの信頼を得られ、学校教育部門から社会教育行政に対する批判は徐々に減っていった。学校教育部門と学校が直接やり取りをすることよりも、社会教育部門が関与した方が問題をスムーズに解決できるケースも実際に少なくなかった。

　学校教育部門の担当者は、都民をはじめ、都議会議員そして知事サイドからの要望に的確に対応することが求められている。それらのステークホルダーからは、つねに迅速な問題解決を求められることが多いため、学校教育部門の担当者たちの仕事は、日々プレッシャーとの戦いである。その状況を社会教育部門の担当者が理解するとともに、問題を共有し、課題解決に取り組むためのアプローチをともに考え、行動していくという作業を続けてきたことにより、信頼関係が構築されていくことになった。ひとたび、信頼関係がつくられると、学校教育行政の担当者から「この施策は学校に対して負荷をかけすぎてはいないか」といったホンネが出てくるようになる。そのホンネを学校側に婉曲的に伝えることで、学校と教育行政との間に良好な関係性が生まれるようになっていくのである。

　つまりは、「課題を分かち合う」関係をつくることこそが重要なのである。社会教育部門が学校教育支援を行うことが、学校と教育行政との間に生じるぎくしゃくした関係の解消につながっていくのである。

　不登校・いじめ等の生徒指導上の問題への対応、学力の向上、社会的規範意識の醸成、児童生徒のメンタルヘルスへの対応、発達に課題があると思われる児童生徒への対応、外国ルーツの児童生徒の増加、そして多様な意見や考え方をもつ保護者への対応等学校が抱える課題への対応策を考えるのは、もはや学校教育部門が行えば事足りるという状況にはない。なぜ

なら学校教育部門が力を発揮できるのは、学校教育制度や教員といった限られた範囲だけになってしまうからである。学校教育制度を支える法令等はたくさんあり、教育行政に与えられた権限も少なくない。しかし教育行政が直面する課題は、現行の学校教育制度内での対応を行えば済むという状況にはなく、従来の行政手法自体を見直さなければならい事態になっていることを認識する必要がある。

そこで求められるのが既存の施策枠組み自体を組み替え、教育行政全体として、学校や教員を支える制度をつくることである。

つまりは、私たちが従来「当たり前」だと考えていた発想（固定観念）からの転換が不可欠なのである。そこで求められるのは、社会教育的発想を教育行政や学校の運営にも反映させることである。社会教育的発想とは、多様な社会資源をネットワークし、教育支援のプラットフォームをつくるということである。そのことが子どもにとっても、教員にとっても、学校教育行政にとってもメリットをもたらすということを本書を通じて伝えていきたい。

本書は、学術論文としてではなく、教育行政の中で社会教育施策を企画・立案してきた者として、社会教育行政のリアリティを伝えるために執筆したものである。そのため、教育長をはじめとした東京都教育庁幹部職員等の発言を私が職務上作成したメモに基づき、掲載させていただいている。そのほうが、行政職員が何を考え、行動しているのかが読者のみなさんにストレートに伝えられると考えたからである。

行政の外に身を置く者にとって、行政の政策（施策）決定過程はブラックボックスである。その中で少しでも教育を良くしたいと考えている行政職員が日々何を思い、どのような価値判断に基づき行動しているか、その一端を伝える作業を行うことが今後の教育研究にとって大きな意義があると思う。

これからの社会のキーワードは「ガバナンス（協治）」である。行政は市民やNPO等の間に良好なパートナーシップを築きながら社会課題の解

決に取り組んでいかなければならない。その「協働」のための第一歩として、本書を位置付けたい。

ユースソーシャルワーク――社会教育行政の新たな役割
目　次

はじめに　3

第1章　都立学校「自立支援チーム」派遣事業とは何か

1　都立学校「自立支援チーム」派遣事業の概要　15
　（1）施策上の位置付け　15
　（2）自立支援チーム派遣事業の仕組み　18
　（3）自立支援チーム派遣事業の支援実績　19
　（4）継続派遣校における YSW の職務内容　20
　（5）就労系 YSW を導入した意味　22
　（6）校内にサードプレイスをつくる　23
2　NPO 等との連携による学びのセーフティネット事業　27
3　自立支援チームは単なる SSW 派遣事業ではない　30

第2章　「学校教育支援」を中核に据えた社会教育行政が意味するもの

1　社会教育行政の役割とは何か　34
　（1）社会教育行政を規定するもの　35
　（2）社会教育行政における学校教育支援機能の付加　37
2　都教委において社会教育行政が学校教育支援機能を自覚化していく
　　プロセス　38
　（1）財政当局等による生涯学習振興行政廃止の動きへの反論　38

（2）教育基本法改正の動きを踏まえ、社会教育行政の再構築を図る　40
　（3）地域教育プラットフォーム構想
　　　　――第5期東京都生涯学習審議会答申　46
　（4）地域教育プラットフォームとは何か　47
　（5）社会教育主事のコーディネート能力をネットワーク協議会に生かす　48
3　社会教育行政に「学校教育支援機能」が付加された意義を考える　50
　（1）社会教育行政の歴史的成り立ちから学ぶ　50
　（2）社会教育行政発足時の行政官たちの問題意識　53
　（3）学校教育に対する批判としての社会教育　54
　（4）教育的救済としての教育の機会均等論　54
　（5）「教育的救済」として社会教育の系譜を引き継ぐ戦後の
　　　勤労青年教育　55
　（6）社会教育行政の「学校教育支援機能」に内包されるもの　57
4　現代における「二つの青年期」論　58
　（1）学校教育への過度な役割期待　58
　（2）一向に減らない不登校・いじめ問題　60
　（3）都立高校における不登校・中途退学の現状　61
　（4）現代における「二つの青年期」論を考える　62
　（5）東京都の社会教育行政再構築の試みが意味するもの　64
　（6）なぜ、社会教育行政がユースソーシャルワークを担うべきなのか　65

第3章　都立学校「自立支援チーム」の政策形成過程を振りかえる

1　「都立高校中途退学者等追跡調査」実施に至るプロセス　71
　（1）都立高校白書（平成23年度版）における「未卒業率」の公表　71
　（2）教育長からの「都立高校中退者調査」の打診　74

（3）都立高校中退者調査の企画・実施にとりかかる　78
2　「都立高校中途退学等追跡調査」の実施　80
　（1）調査結果のポイント　80
　（2）高校の多様化施策だけでは対応困難な生徒たちの存在　84
　（3）中退者調査専門家チームによるまとめ　85
3　自立支援チームの施策化に至るプロセス　87
　（1）中途退学の未然防止と中途退学者への進路支援事業の施策化　87
　（2）都立学校「自立支援チーム」派遣事業の施策化に向けて　91
　（3）想定していなかったスクールソーシャルワーカーの
　　　都立高校への導入　93
　（4）SSW試行事業と中途退学未然防止事業の一本化に向けた動き　95
4　自立支援チームの枠組み構築　97
　（1）都立高校改革実施計画に自立支援チームを位置付ける　97
　（2）予算要求案をまとめ、教育長の判断を仰ぐ　98
　（3）「自立支援チーム」を施策化するための予算要求作業の開始　100
　（4）予算要求過程での財政当局のやり取り　104
　（5）自立支援チーム派遣事業の実施スキーム　107
5　YSWを支える行政の仕組み——社会教育行政ならではの役割　109
　（1）自立支援チームの政策形成過程を振り返る　109
6　政策決定モデルと行政職員の役割　112
　（1）どのように施策は決定されるのか——政策決定モデル　112
　（2）行政にいる職員にしかできないことがある　115

第4章　ユースソーシャルワーカーを取り巻く現状と課題

1　SSWをめぐる議論の問題点　123
　（1）SSWに注目が集まった経緯　123
　（2）現行の「チーム学校」施策の枠内にSSWを位置付けることの
　　　問題点　124
2　ユースワークの視点を施策に盛り込む　125
　（1）「学校文化」の問題　126
　（2）個の生徒にしか向かわないYSWの関心　127
　（3）ユースワークの有効性　128
3　社会教育行政が自立支援チームのマネジメント業務を担う意味　132
4　チーム学校が機能しない理由——変わらない教員の意識　133
5　本当に「うちの生徒には、無理」なのか？　137
6　自立支援チームに関わった8年間を振り返って改めて思うこと　140

第5章　「移行」を支援する高校教育への転換と
　　　　 社会教育行政が担うべき役割

1　高校支援に関わって20年、その間に変わったこと
　　変わらなかったこと　143
2　「移行支援」としての高校教育　147
3　高校教育のパラダイム転換の必要性と教員の意識改革　150
4　ユニバーサル・アプローチの展開——社会教育行政の役割　152
5　これからの青少年教育の担い手としてのユースワーカー　161

第6章　個に応じた支援を可能にする高校改革と
　　　　社会教育主事の役割

1　高校教育のパラダイム転換を支える社会教育行政の役割　168
2　これからの教育行政における社会教育主事の役割　171
　（1）社会教育主事制度が抱える課題　171
　（2）入都当時、社会教育主事は行政内でマージナルな存在だった　173
　（3）行政職員としての社会教育主事を目指すきっかけとなった
　　　ロールモデル　175
　（4）中教審は今後の社会教育行政にどのような展望を
　　　見出しているのか　177
　（5）学校教育支援機能を持った社会教育主事は何をすべきか　179
　（6）社会教育主事に必要なのは、政策形成能力　181
　（7）社会教育主事は「社会教育行政の専門職」である　182
3　教育関係者の間で「学習する組織」、「実践コミュニティ」をつくる　185

おわりに　189
初出一覧　193
引用・参考文献　194

資料
1　ユニバーサル・アプローチを実現していくために
　　（笹井宏益×酒井朗）　200
2　ヨーロッパのユースワークに見るこれからの青少年教育
　　（両角達平）　204

第 1 章

都立学校「自立支援チーム」派遣事業とは何か

　東京都教育庁地域教育支援部生涯学習課（以下、都生涯学習課という）は、2016（平成28）年度に都立学校における不登校・中途退学対策の一環として、都立学校「自立支援チーム」派遣事業（以下、自立支援チームという）を施策化[1]した。その内容は、就労系と福祉系からなる複数のユースソーシャルワーカー（以下、YSWという）をチームとして編成し、都立学校に派遣するというものである。

　この施策で注目すべきは、他自治体で実施されるスクールソーシャルワーカー派遣事業と異なり、東京都の社会教育行政（教育庁地域教育支援部生涯学習課）がYSW派遣のマネジメント業務全般を担っているところにある。

　本章では、自立支援チームについて概略を説明するとともに、YSWとスクールソーシャルワーカー（以下、SSWという）の役割の違いについて考察していく。

1　都立学校「自立支援チーム」派遣事業の概要

(1) 施策上の位置付け

　複数のYSWを都立高校に派遣するという自立支援チームの構想は、東京都教育委員会（以下、都教委という）が2016（平成28）年2月にまとめた『不登校・中途退学対策検討委員会報告書』において提案されたものである。その検討内容を受け、同年2月に策定された『都立高校改革推進計画・新実施計画』の「目標Ⅲ　質の高い教育を支えるための環境整備　6

図表1　都立高校改革推進計画・新実施計画（2016年）

（3）自立支援チームによる支援の実施

　生徒が将来社会的に自立できるよう、就労等の進路決定に向けた支援や福祉的な支援を行うため、必要なスキルをもった人材により支援チームを構成するなどして、高校と連携して支援していく体制を構築します。

ア　自立支援チームの設置

　スクールソーシャルワーカー等による「自立支援チーム」を創設し、中途退学の未然防止の取組、中途退学者や進路未決定卒業者への切れ目のない進路決定に向けた支援、不登校の生徒への対応を行います。

項　目	第一次支援計画 24年度〜27年度	新実施計画		
		28年度	29年度	30年度
自立支援チームの設置	実態調査 中途退学等進路支援モデル事業実施	自立支援チームの派遣	→	

イ　関係機関との連携強化

　ハローワークや都立職業能力開発センター等の就労支援機関、福祉・医療機関等と組織する「都立高校生進路支援連絡協議会」を拡充し、生徒や中途退学者等への進路決定支援策について協議し、有効な方策を検討していきます。

項　目	第一次支援計画 24年度〜27年度	新実施計画		
		28年度	29年度	30年度
関係機関との連携強化	都立高校生進路支援連絡協議会の設置	都立高校生進路支援連絡協議会の拡充	→	

（出典）東京都教育委員会『都立高校改革推進計画・新実施計画』2016 pp.90-91

　課題を抱える生徒の自立に向けた支援の充実」の（3）「自立支援チームによる支援の実施」に位置付けられた。このことにより、安定的な予算確保が可能となった[2]。この計画では、「ア　自立支援チームの設置」に加え、「イ　関係機関との連携強化」という項目が掲げられ、就労や福祉といった分野の関係機関との連携体制づくりも施策の考えの中に盛り込まれることとなった（図表1参照）。

社会生活を送ることに困難を抱えている都立高校生等の社会的・職業的自立を支援していくために、行政施策として重視すべきことは大きく分けて二点ある。

　第一は、「生徒一人ひとりの個に応じた支援」（以下、個に応じた支援という）を徹底して行う仕組みをつくることである。

　個に応じた支援を具現化するために重視したことは「アセスメント」（客観的な判断軸で評価・分析すること）を取り入れることである。通常のケースは、担当YSWと生涯学習課担当職員との間でアセスメントを行うこととした。ただし、支援困難な複雑なケースにあっては、スクールソーシャルワークの専門家（大学教員）、司法福祉の専門家（元家庭裁判所調査官で、大学教員）、心理の専門家（東京都教育相談センターの心理職）、そして教員・学校の立場から東京都学校経営支援センターの学校経営支援担当統括指導主事（副校長級の学校管理職）と生涯学習課管理職で構成される「支援方針会議」を設置した。この会議では、対象となる生徒自身の成育歴や家族の歴史、現在の家族を取り巻く状況、学校での生活の様子・教員との関係等について総合的把握を試み、支援方針を検討する仕組みづくりをした。これは、制度設計の段階から施策の中に組み込んだ。

　第二は、関係機関との連携強化を進めることである。

　高校生段階の若者を支援する上で「学校から職業への円滑な移行（School to Work）」という視点は欠かせない。つまり、個々の生徒が抱える課題に応じて、高校卒業後（もしくは中途退学後）の長期的なソーシャルサポートを可能にするためには、関係機関との連携を図ることが不可欠である。具体的には雇用・労働（ハローワークや都立職業能力開発センター等）、福祉（児童相談所・子ども家庭支援センターや区市町村の生活困窮者支援部署や福祉事務所、障がい者就労支援部署等）、医療・保健機関（精神保健福祉センター等）、入国管理局、児童自立支援施設、少年院等の公的機関のネットワークをつくることが必要であると考えた。加えて、不登校支援、ニート・ひきこもり支援、障がいのある人たちの支援、外国ルーツの生徒及び家族に対する

支援等に取り組むNPO等とも連携し、個々の生徒が抱える状況に応じて、高校卒業後（中途退学者も含めて）も「切れ目のない支援」が行える体制づくりを目指した。

(2) 自立支援チーム派遣事業の仕組み

　自立支援チームは、事業開始当初から施策の対象範囲をすべての都立学校（2024年4月1日現在、小学校1校、中学校5校、高等学校186校、中等教育学校5校、特別支援学校59校）として設定している。事業開始年度から全ての都立学校での対応を可能とするためには、最低限YSW等54名を確保する必要が生じた。そのため、①複数のYSWを週1日以上定期的に派遣する都立高校（以下、継続派遣校という）と②都立学校からの要請に基づき、必要に応じてYSWを派遣する都立学校（都立特別支援学校を含む。以下、要請派遣校という）に分け、事業スキームを構築することとした（図表2参照）。要請派遣校は、他府県で実施されているいわゆる「派遣型」のSSWと同じ仕組みである。

　自立支援チームでは、都立高校が抱える課題を踏まえ、YSWを定例的に派遣する継続派遣校という仕組みを導入した。継続派遣校には、YSWと当該都立高校との連携を着実に行うために指導部高等学校教育課が「自立支援担当教員」[3]を配置することとした。

　継続派遣校の選定にあたっては、不登校生徒数や中途退学者数をはじめ、当該学校が抱えている課題やチャレンジスクールやエンカレッジスクール、昼夜間定時制、通信制等の教育課程が持つ特色を踏まえて、都立学校教育部（学校経営指導担当）、指導部（高等学校教育指導課）、地域教育支援部（生涯学習課）の3課で調整し、その結果を踏まえ、都立学校教育部長が決定する仕組みとなっている。

　継続派遣校は、2024（令和6）年度40校52課程（全日制・定時制課程併設校を含む）が指定されている。

図表2　都立学校「自立支援チーム」派遣事業展開図

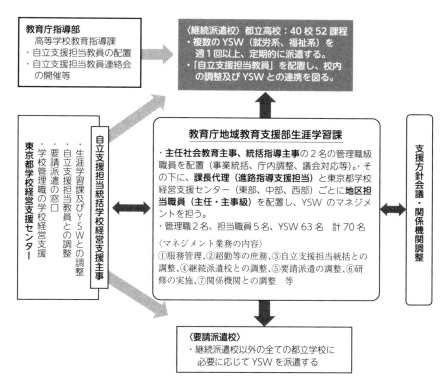

(筆者作成)

(3)「自立支援チーム」派遣事業の支援実績

次に、自立支援チームの派遣実績を紹介したい。

事業開始2年目以降の2017（平成29）年度からコンスタントに3,000名前後の生徒を支援をしている。また、延べ支援回数も15,000件前後で推移している。

次に、どのような分野についての相談・支援を行っているかについてである。毎年度の支援傾向を把握するため、2017（平成29）年度から「進路」「不登校」「転退学」「学校生活」「医療健康」「家庭環境」の分野に分

け、本格的に支援実績の把握を開始している。なお、支援分野は、YSWからの業務報告に基づいてのものである。

そもそも生徒たちが抱える課題は、多様かつ複雑化しており、単純に把握できるものでない[4]。ここでは個別のデータを提示することを避け、ここでは大まかな傾向を指摘するにとどめたい。自立支援チーム派遣事業が都立学校に浸透していくに伴い、学校から「医療健康」や「家庭環境」といった分野での相談・支援依頼が増加傾向にあることが見て取れる。これらの相談が増加した背景には、①生徒たちの家庭・生活環境が新型コロナウイルス感染症等の要因により悪化したこと、②ヤングケアラーへの支援が政策課題となったこと、そして何より③自立支援チームの仕組み自体への都立学校関係者からの理解が深まったこと等が考えられる。

(4) 継続派遣校におけるYSWの職務内容

次に、実際にYSWが継続派遣校において、どのような役割を果たしているのかについて紹介する。

継続派遣校におけるYSWの職務を6つ設定[5]した（図表3参照）。具体的には①中学校との接続、②生活・福祉的支援、③不登校生徒への支援、④中途退学の未然防止、⑤進路（就労）支援、⑥中途退学者への支援（高校への再入学支援や本人の希望に応じた就労支援）である。

このうち、①から④の支援については、他府県のSSWでも対応を行っている事柄である。YSWの場合、これらの支援に加え、⑤進路（就労）支援と⑥中途退学者への支援を掲げているところに特徴がある。

YSWは、社会福祉士や精神保健福祉士の国家資格を有するもの等を対象にした「福祉系」のYSWとキャリアコンサルティング技能士やキャリアコンサルタント等の国家資格を有するものに加え、社会教育士の称号や教員免許所持者等も対象とした「就労系」のYSWを採用している。

就労系のYSWの活躍場面を想定しているのは、④中途退学の未然防止、⑤進路（就労）支援、⑥中途退学者への支援の分野である。先にも述べた

図表3　継続派遣校におけるYSWの職務内容

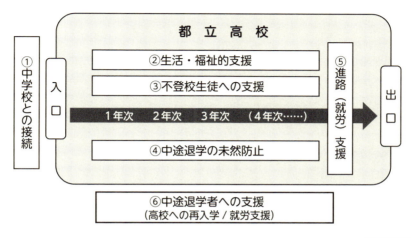

（筆者作成）

ように自立支援チームは、「学校から職業への円滑な移行」を施策の柱に掲げており、その理由は生徒たちの「社会的・職業的自立」を支援するとともに、社会を構成する有為な担い手を育成するため施策として立案したものである。

都教委の幹部たちが自立支援チームに期待したのは、人口減少社会状況の下で、次代を担うことを期待される若者世代が社会的・職業的自立を遂げ、「善良なタックスペイヤー」として成長していくための「社会政策」を構築することであったと私は考えている。

私は、都庁幹部たちのからの期待にどのように応えることができるか、その説明のための論拠を考えていた。その時に参考としたのが、広井良典の「人生前半の社会保障としての教育」という考え方である（広井 2006）。この主張は公（費）教育に新たな社会的意義を与えてくれる有効な指摘であると考える。

「学校から職業への円滑な移行」と簡単にいっても、多様かつ複雑な困

難を抱えている生徒たちが「円滑に」職業への移行ができるわけではない。もちろん、ソーシャルインクルージョン（社会的に包摂すること）の視点からできるだけたくさんのセーフティネットをつくることが不可欠だ。しかし、重要なことは困難を抱える生徒自身のエンパワーメントをいかにして支えていくかということ（これこそ、社会教育が目指す自己形成を支援するという視点）である。それを重視しないと、有効な教育施策とはならないと考える。

(5) 就労系 YSW を導入した意味

「学校から職業への円滑な移行」を進める役割を期待したのが就労系 YSW である。生徒自身が自らのキャリアを自己形成していくプロセスに長期的に伴走する役割を担うスタッフが必要であると考えたのが就労系 YSW を配置した理由である。

その是非を論じることはさておき、現在の「高校斡旋（あっせん）」「一人一社制」をベースに展開される高卒就職システムを見ていると、求人をする企業やその仲介役を果たすハローワーク側の意向と就職当事者である高校生側の意識の差が非常に大きいことが、私としては気になっていた。

特に普通科高校の中の全日制課程の進路多様校（「教育困難校」とも呼ばれている）の進路指導の実態を見ると、一般的には高校2年の終わりか、高校3年のはじめに、進路希望調査を行い、進学か就職か（もしくは進路未決定か）の進路振り分けが行われる。その中で就職組に分けられた生徒たちに、職業講話などの機会がハローワーク等の協力によって校内で開催され、7月当初にハローワークが取りまとめた企業側からの求人票が高校の進路指導部を通じて公開される。そこから本格的な高卒就職の活動がはじまり、9月16日には就職活動が解禁となる。この期間は、わずか2ヶ月半しかないのである。そんな短期間で、今の高校生たちが自分の就職先の希望を絞り込み、主体的に就職活動に取り組むことはできるのであろうか。「これでいいのか？」と首をかしげたくなるような場面に高校の進路

指導の現場で私は何度も遭遇してきた。

　高卒就職を希望する一般の高校生のケースでさえ、このような有様である。まして、自分が就職する当事者であるという意識が十分育っていない[6]、多様かつ複雑な困難を抱える高校生たちにとって、就職するということは、一般の生徒以上に高いハードルとなっている。

　このような状況をよく理解している進路指導担当の教員（数は少ないがとても良心的な生徒思いの教員たちである）は、高校入学後の早い時期からキャリア教育の機会をつくったり、アルバイトをすることを奨励し、少しでも「働く」という感覚を身につけて欲しいと、いろいろな場面を通じて生徒たちに働きかけている。しかし、残念なことに、その教員たちの思いは生徒には届いていないケースが多い。

　就労系YSWの役割が浸透・定着したと評価できる継続派遣校は、現在のところ、わずか1～2校のみである。多くの都立高校の教員たちは、YSWとSSWを同様の役割であると思い込んでおり、「福祉を担うのがYSWの仕事である」という固定観念から離れられないでいる。この思い込みをどのように払拭し、「学校から職業への円滑な移行」の取組を高校段階で実施することの重要性を教員たちに認識させるかが今後の課題である。例えば、ある継続派遣校[7]では、放課後等の時間を活用して1年生の段階から社会人のロールモデルを見せる「放課後就活部」の活動や校内で職業体験の機会をコーディネートするなどの取組を展開し、ようやくその成果が見えはじめている。このような取組が着実に継続派遣校に根付いていくための方策を講じる必要がある。

(6) 校内にサードプレイスをつくる

　校内に「サードプレイス（第三の居場所）」（オルデンバーグ 2013）をつくる。これが自立支援チームを構想したときからの私の願いであった。自立支援チームを継続的に高校の中に入れる最たる理由は、高校中退の未然防止モデルを確立することにあると考えたからである。

都立高校教員たちの意識の根底には、教員の役割（教員たちは自分たちでできることを「教育」と呼ぶ）とYSWの役割（教員たちは自分たちができないことを「福祉」と呼ぶ）をはじめから分けて考える「教育－福祉二分論」的思考が根強く残っている。「チーム学校」としてスクールカウンセラー（以下、SCという）やYSWと協働して生徒たちが抱える困難に向き合うことに対し、未だに消極的なままである。心理（もしくは精神保健）的課題を抱えている生徒や福祉的支援が必要な生徒に対しては、教員としての立場（例えば、学級担任とか生活指導部等）の範囲では関わろうとするが、その際生徒に対する態度は、基本 one of them（クラスの中の一人）、言い換えれば、クラス（学級）といった「枠組み」ばかりを優先し、生徒をオンリー・ワン（only one）の存在として捉えようとしない。

　それゆえ、教員の意識にある「教育－福祉二分論」の考え方が、困難を抱える生徒へのアプローチを先送りさせてしまう原因となっている。教員が生徒を抱え込みすぎた上に、最終的には「自分の対応範囲（教育の範囲）を超えている」といって、生徒への対応を放棄し、YSWの手に委ねようとするのである。この状況を見て、私は「もっと早くアプローチできていれば、こんなに問題をこじらせなくて済んだのに」とつねに感じていた。

　教育の現場では、生徒に対する課題が顕在化してから、対応すればよいという考え方が一般的である[8]。また、生徒に今後降りかかってくるであろう危機を事前に察知する感性をすべての教員が身に付け、それに基づいた対応を期待すること自体、現実的に困難であろう。

　私が「教員以外の専門家が学校内で生徒と直接接することを可能とする場を校内につくりたい」と考えていた時、神奈川県立田奈高校で「ぴっかりカフェ」と名付けられた校内居場所カフェ（校内サードプレイス）が実施されていることを知った。私は直感的に「これだ！」と思い、YSWとともに、田奈高校を訪問し、「ぴっかりカフェ」が開かれている学校図書室での様子を見学し、そして「このような仕掛けが絶対に必要だ！」と確信した。

「ぴっかりカフェ」の創設者である NPO パノラマの石井正宏氏は校内カフェの意義を「均質空間である学校の中で、唯一の不均質空間、それが私にとっての校内居場所カフェ」であると語っている（居場所カフェ立ち上げプロジェクト 2019: 12）。教育困難校（朝比奈 2019）に身を置く生徒たちにとって、教員の存在とは成績を付け、進級を左右する、学校のルールに反した行動をとれば生活指導する等の権力的な存在である。特に困難を抱える生徒たちの場合、権力的関係を前提とした場面で教員との関わりが生じる場合が少なくない。そう考えれば、なかなか生徒は教員に悩みやホンネを打ち明けられないのもうなずける。

そんな学校という空間に、「ナナメの関係」[9]を重視し、生徒たちが心を落ち着かせ、受容的にかかわってくれるスタッフや心許せる友人たちと、ひとときの時間を過ごすことができる居場所をつくることは、不可欠だと考えた。そして、校内居場所カフェの運営は教員が担うのでは意味がなく、YSW に担わせたいと事業開始時点から構想していた。

そのような思いもあり、私は心許せる何人かの継続派遣校の校長に「校内居場所カフェをつくってみませんか」と打診してみたが、前向きな反応は一つたりとも返ってこなかった。

そこで、急がずに機が熟すのを待つことにした。その間、YSW の研修の機会にはつねに「校内居場所カフェ」の必要性を訴え、その仕込みを余念なく行いながら、高校の教員の中から「校内居場所カフェが必要なのではないか」という声が自発的に出てくることを期待していた。

その時が訪れたのは 2019（令和元）年の秋のことであった。都立八王子拓真高校に派遣している YSW から「学校の中で校内居場所カフェをつくろうという話が出ています」という報告が入った。それを聞いた私は、すぐに学校に出向き、校長に協力を申し出たのである。八王子拓真高校の教員たちからは YSW が校内居場所カフェに関わること自体への異論が出なかったものの、「校内居場所カフェには、教員が関わるべき」という意見が主流を占めていた。私は、打合せの場面で「校内居場所カフェには教員

が関わらない方がいい」という話をしようかと考えたが思い止まり、その後学校で展開される議論に参画していくなかで、「何か突破口のようなものが見つかるはずだ」というスタンスでしばらくは様子を伺うこととした。

そのようなとき、タイミング良く国立市立公民館の主催事業で、日本で最初に校内居場所カフェ事業を始めた大阪府立西成高校「となりカフェ」の初期メンバーであった（一般社団法人）officeドーナツトークの辻田梨沙さんの講演会が開かれることを知った。そこで、八王子拓真高校の先生にも声をかけ、一緒に参加したのである。

その講演会終了後、八王子拓真高校で校内居場所カフェの設置を提案したY先生が私に「校内居場所カフェには教員が関わらない方がよいのですね。今日の話を聞いてよくわかりました」と話してくれたのである。

それ以降、八王子拓真高校の校内カフェのコンセプトづくりの作業の中に、YSWも主体的に参画できることとなり、「クローバー広場」と名付けられた校内居場所カフェの準備が進んでいったのである

こうしてようやく開設にこぎつけられたクローバー広場の運営であったが、当初から大きな試練に直面した。それは、新型コロナウィルス感染症への対応である。カフェでのマスク着用は必須であるうえに、飲食は一切禁止となった。加えて、一斉休校等学校運営自体にも大きな制限が課せられる中での運営を余儀なくされたが、それらの困難も教員やYSWの努力により克服し、クローバー広場は、いまでは週2回のペースで安定的に運営されている。

その後ほどなくして、クローバー広場の取組が学校関係者に評価され、それが指導部や都立学校教育部の幹部職員に伝わることとなり、YSWによる「校内居場所カフェ」の運営を高校改革計画の中に盛り込むという生涯学習課の提案がすんなりと受け入れられることとなった。具体的には2023（平成5）年3月に策定された『都立高校の魅力向上に向けた実行プログラム』（計画期間：2022-2024年度）において、「校内居場所カフェ」を都教委として施策化する方針が示され、2024（令和6）年度から都立小台

橋高校（チャレンジスクール）で取組が始まり、2025（令和7）年度からは新設のチャレンジスクールである都立立川緑高校でも開設されることになった。

2　NPO等との連携による学びのセーフティネット事業

　施策上は、自立支援チームとは別の位置付けになっているものの、実質的に自立支援チームの取組と不即不離の関係の施策として立案したのが「NPO等との連携による学びのセーフティネット事業」（以下、学びのセーフティネット事業という）である。これは、2019（平成31）年2月に策定された『都立高校改革推進計画・新実施計画（第二次）』に位置付けられ、予算化されたものである。

　2012（平成24）年2月の『都立高校改革推進計画・第一次実施』計画において、「中途退学の未然防止と中途退学者等に対する進路支援」の施策枠組みが提示され、2012（平成24）年度中に「都立高校中途退学者等追跡調査」（都教委としては初めての取組）を実施し、その結果を受け2013（平成25）年度から「中途退学の原因や退学後の状況をきめ細かく把握・分析するとともに、専門的知識や経験を有する外部人材を活用し、中途退学者等の復学などの次の進路決定に向けたサポートを行うことにより、若者の再チャレンジを支援」するという方向を打ち出した。

　これを受け、2016（平成28）年度から3年間は、中途退学者の再就学や就労に向けた支援を行う「中途退学者を対象とした学び直し事業」をNPOへの委託事業として施策化した。

　この事業が抱えていた課題を克服するため、2019（平成31）年2月に策定された『都立高校改革推進計画・新実施計画（第二次）』において、この施策の対象範囲を都立通信制課程に在籍する高校生や不登校の都立高校生も対象に加えるなど、事業規模や対象者を拡大し、「NPO等と連携した学びのセーフティネット事業」[10]に組み替えた。

この事業の施策目的は、一人でも多くの都立高校に入学した生徒たちが「高卒」の単位を修得するための学習支援事業として実施することである。
　しかし、この場にやって来る高校生世代の若者たちにとって、学習する構えを習得する前に重要なことがある。それは第一に、「他者から受容される」という経験をもつことである。これは言い換えれば若者自身が「ここは自分の『居場所』なんだ」という感覚がもてる空間を提供することである。第二に、同世代の若者と「交流できる場」を提供することである。以前、私は学びのセーフティネット事業に参加していた都立通信制課程に通う生徒から「部活動をしてみたかった」「修学旅行にいってみたかった」「生徒会活動をしてみたかった」という話を聞いたことがある。「高校生活でやりたいことは？」という私からの質問に対し、すべて「過去形」で語られたことがいまでも忘れられない。都立通信制課程に通学する生徒の4分の3は一度高校生活に挫折（中退もしくは転学）した経験をもっているという。生徒自身が自ら「挫折した」という意識を少しでもいいから払拭するための機会つくる必要があるのだ。そのため、この事業では若者同士が交流できる機会がそれぞれNPOスタッフの創意工夫により提供されているところに最大の特徴がある。
　例えば、学びのセーフティネットの会場（それぞれ、「Re-line」〔竹ノ塚〕、「Re-hop」〔千川〕、「Re-esta」〔大森〕、「たちかわALC」〔立川〕と命名されている）に集う若者たちの交流はボードゲームを通じて行われる（必ず、グループで取り組む）とか、それぞれのNPOが主催する自主事業（キャンプ、バーベキュー、フットサル等）の企画への参加を呼び掛け、自分たちで日帰り修学旅行を企画させ、実施するという工夫などもなされている。最近では毎週土曜日にNPOの事務所で開催される「夜のユースセンター」[11]という取組にも参加を促してくれるなど、様々な人との交流機会を提供してくれている。
　加えて、就労支援の一環もしくは自立支援の一環として、アルバイトの機会を紹介したり、NPOが有する就労支援プログラムへの参加を促して

図表4　NPO等との連携による学びのセーフティネット事業　展開図

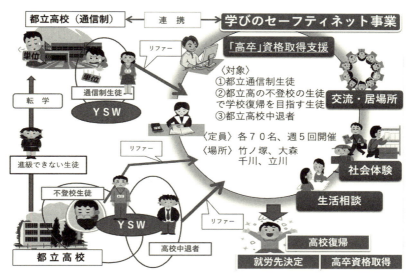

（筆者作成）

くれるというケースもある。

　このような人と人が交流する機会を高校生（若者）自身が自らの意思で参加し、体験していくことにより、一歩一歩であるが、自己肯定感や自信をつけていくようになるのである（図表4参照。）。

　この場は、進学塾のように、受験のための学力を培う場ではなく、高校生（若者）たちが過去の出来事を乗り越え、自分自身の力で将来に向かおうとする意欲と自信を取り戻していくこと人への信頼感を醸成する場づくりを基盤に据えた学習支援を行う場なのである。

　また、この場に多くの高校生を招き入れる方策として、都立通信制課程（継続派遣校として指定）に派遣されるYSWとNPOのスタッフが連携し、年24回実施される通信制課程のスクーリングの場にアウトリーチし、生徒との関係構築を行いながら、学びのセーフティネット事業へのリファー（支援の依頼）するところにも特徴がある。それ以外でも継続派遣や要請

派遣を通じて、関わった生徒たちのニーズにじっくり耳を傾けながら、必要に応じ、担当のYSWは生徒たちに学びのセーフティネット事業への働きかけも行っているのである。

3　自立支援チームは単なるＳＳＷ派遣事業ではない

　以上、本章では自立支援チーム派遣事業の概要を紹介してきた。自立支援チームが立ち上がってから、2024（令和6）年度で9年が経つ。しかし、先述したように、この事業が都立学校版のSSW派遣事業であるという認識が多くの都立学校関係者にいまだに根強く残っている。

　次章で詳しく論じるが、自立支援チームは、福祉の施策ではなく、教育の施策として、しかも社会教育の施策として制度設計をしたところに特徴がある。

　私がなぜSSWとせず、YSWと名付けたかについても若干触れておきたい。その理由は、近年若者支援や社会教育の分野で注目を集めている「ユースワーク」の考え方をこの施策に取り込みたいと考えていたからに他ならない。

　2021（令和3）年9月に出された第11期東京都生涯学習審議会建議では、ユースワーク（youth work）を以下のように定義している（第11期東京都生涯学習審議会 2021: 21）。

> 　ユースワークの役割とは、「若者の居場所を作ること」、「若者の人生の橋渡し」をすることである。家庭・学校・職業生活以外の場面（社会教育の場面）において、青少年の思いや関心に基づいたチャレンジを伴う活動を通して、青少年の主体的行動を促すとともに、活動に取り組む中で、自分自身を知り、他者や社会と関わることの意味を知り、コミュニティの積極的な一員としての役割を発揮できるよう、自己決定する力を養うことを目指した支援・援助である。

このユースワークの視点とソーシャルワークの視点を併せもつ存在として、ユースソーシャルワーカーと命名したのである。この名称は幸いなことに、東京都教育庁幹部をはじめ、都議会議員や都立学校関係者に広く受け入れられることとなった。

　次章では、なぜユースソーシャルワークなのか、そしてなぜこの施策が福祉施策ではなく、教育しかも社会教育施策として実施される必要があるのかについて、述べていきたい。

　■注
1　東京都教育委員会が都立高校中途退学者の未然防止策に取り組む契機となったのは、2012（平成24）年2月に公表された『都立高校改革実施計画・第一次実施計画』に基づき、実施された「都立高校中途退学者等追跡調査」である。この調査については、第3章で言及している。
2　『都立高校改革推進計画・新実施計画』は、行政計画でいうところの「中期計画」として位置付くものである。中期計画の計画期間は3年間であり、この計画において、線表管理事項（平成28〜平成30年度まで事業が継続することを意味する）となれば、3年間は安定的に予算が確保される見通しが立つという意味である。自治体予算の場合は、通常「単年度予算主義の原則」に基づいて措置がなされるため、一般的には1月末に発表される予算知事原案が都議会に提出されるまでは、予算措置がなされたということにはならない。それが中期計画に位置付くことにより、継続して安定的な予算確保が可能になるというメリットがある。
3　自立支援担当教員は、基本的に主幹教諭クラスの教員を当該都立学校長が指名することとなっており、指名された教員は、授業の持ち時数軽減が図られることとなっている。
4　文部科学省は、1982（昭和57）年度から『児童生徒の問題行動等生徒指導上の諸課題に関する調査』（現：「児童生徒の問題行動・不登校等生徒指導上の諸課題に関する調査」）の中で、中途退学率及び中途退学事由の把握を行っている。しかし、この調査の中途退学事由の把握方法には課題がある。それは高等学校長を回答者として設定し、高校における生徒指導の参考とするため、中途退学問題の発生要因を探ることとしているところにある。具体的には、文部科学省が予め設定した①「学業不振」、②「学校生活・学業不適応」、③「進路変更」、④「病気・けが・死亡」、⑤「経済的理由」、⑥「家庭の事情」、⑦「問題行動等」、⑧「その他の理由」の項目の中から、校長がその生徒が中途退学に至った主たる要因を一つだけ選択するという方法を取っている。しかも、①から⑧の順で選択肢を挙げ、上から該当したものがあれば、それを該当事項とするという単純な方法を取っている。回答者が校長であるため、中途退学した事由もあくまで学校サイ

ドの見解であり、当事者の見解はそこでは考慮されていないことに注意を払う必要がある。
5 2023（令和5）年度からは、この6つに加えて、「校内サードプレイス（校内居場所カフェ）」の設置・運営をYSWの役割として新たに加えた。
6 この背景には、社会学者T.パーソンズが言うところの「一次的社会化」がうまく機能していないという問題があるように思われる。つまり、幼少期において、主に家族によって社会化（社会に存在する規範を内面化すること）が担われ、家族との生活の中で社会の価値観や基本的な生活習慣を子どもが身に付られていないということである。学校は二次的社会化（社会の一員としての役割を果たすための知識やスキルを習得すること）を担う場所であるとされ、一次的社会化の習得までも学校教育に求めるのは、いささか酷な話である。
7 例えば、都立羽村高校では就労系YSW等が中心となり、「放課後就活部」なる独自の活動を展開している。
8 文部科学省が2022（令和4）年12月に出した『生徒指導提要（改訂版）』には、新たに「課題予防的生徒指導」という考え方が盛り込まれることとなった。そこでは「課題未然防止教育」と「課題早期発見対応」の必要性が謳われ、「チーム学校」としての組織づくりが求められている。各学校は『生徒指導提要（改訂版）』に基づいた指導に転換することが急務である。
9 子どもと親や教師のような関係をタテの関係と、友だち同輩同士の関係をヨコの関係と、親や教員とは異なる大人との関係を「ナナメの関係」という。
10 NPO等と連携した学びのセーフティネット事業は、2019（平成31）年2月に出された『都立高校改革推進計画・新実施計画（第二次）』では、「社会的・職業的自立を促す環境づくり」の取組の一環として、「課題を抱える生徒等の拠り所となるNPO等と連携した居場所づくり」という位置付けで実施している。この実施計画では、この事業を「都立通信制課程の活性化」の施策としても位置付けている。
11 「夜のユースセンター」の取組については、以下のURLを参照のこと。https://note.com/sodateagenet/n/n0df532f28959 （最終閲覧日：2024年9月14日）

第 2 章

「学校教育支援」を中核に据えた社会教育行政が意味するもの

　自立支援チーム派遣事業は、国の SSW 活用事業の対象範囲を超える形で事業枠組みを設定している。そのようにした理由は、社会教育行政が担う「学校教育支援機能」の中核として自立支援チーム派遣事業・YSW を位置付けたいという東京都の社会教育主事（以下、社会教育主事という）の戦略があったからである。

　社会教育行政が「学校教育支援機能」を自覚的にとらえはじめたのは、2001（平成 13）年度に入ってからのことである。当時東京都の社会教育行政は、既存の事業体系の抜本的見直しが求められていた。その背景には、教育庁と生活文化局（当時）で競合していた文化振興行政を生活文化局に一元化するという都政の方針[1]があった。それに伴い、行財政改革を推し進めようとする財政当局と人事当局が、（社会教育行政と文化振興行政、文化財保護行政を所管していた）生涯学習部を廃止しようと動いていたのである（梶野 2016）。

　この状況に対し、これまで教育行政組織の中でマージナルな位置付けしか与えられてこなかった社会教育主事が、自ら「学校教育支援」を軸とした社会教育行政への転換を主張し、それを中核とした社会教育部門とすることを提案した結果、その案が財政当局や人事当局にも受け入れられたのである[2]。このことをきっかけに都教委では、「学校教育支援」機能を中核に据えた社会教育行政に方針を転換したのである。

　社会教育行政が学校教育支援機能を持つという明確な方向性を示したことは、その後都教委が講じる施策内容に変化をもたらした。具体的には、

学校教育行政が抱える課題に対して、社会教育行政から解決案を提示できるようになり、教育行政としての一体感を高めることができた。加えて、学校教育制度の枠内で課題解決を図ろうとしてきた従来の考え方を転換させ、学校外の社会資源との連携・協力という広い視野も選択肢の一つとなり、学校教育が抱える課題解決に向けたアプローチが可能になった。もちろん、そのアプローチには社会教育的発想をふんだんに盛り込んでいる。

　第2章では都教委の社会教育行政が学校教育支援機能を自覚化していく過程を辿りつつ、それが都教委の施策全体にどのような影響を与えたのかを考察する。そして、社会教育行政が自立支援チーム派遣事業を施策化することにつながっていくプロセスを明らかにしたい。

1　社会教育行政の役割とは何か

　社会教育行政の役割について具体的に論じる前に、社会教育とは何かについて考えてみたい。ほとんどの人たちは義務教育段階の小学校、中学校そして、準義務教育的状況となっている高等学校に通った経験を有している[3]。いわば、12年もの間、学校という場に通い、教室という空間の中で、教員が教科書を用いた授業を実施し、児童・生徒が授業を受けるというスタイルが「教育」だと考えている。

　一方、社会教育の場合は、公民館等が主催する講座や大学等が実施する公開講座を受講した経験がある人、青年の家で自然体験・宿泊体験をしたことがある人など行政活動として取り組む制度化された社会教育事業への参加に加え、地域の青年団で活動したことのある人、ボーイスカウトやガールスカウト等、社会教育関係団体と呼ばれる民間の活動に参加したことがある人等が挙げられる。自分が実際に体験したことがある活動によって異なる社会教育の捉え方が形成されていくという特徴がある。一般には公民館等の社会教育施設で、成人や高齢者の生涯学習の機会を提供することを社会教育だと理解している人も多い。また、人々の日常的な生活実践や、

自己の人生を振り返り物語る活動の中で発見する学びを社会教育と捉える考え方もある（日本社会教育学会編 2024: 23）。

つまり、社会教育という概念に含意されるものは実に多様であり、一般の人々の間で、共通のイメージを形成しづらい概念であることがおわかりいただけたと思う。

しかし、これを行政が税金を使って取り組む施策や事業に絞って考えれば、つまり、行政の役割に即して考えれば、社会教育でもコンセンサスを形成することが可能となる。なぜなら、行政施策としての社会教育は、根拠法令を必要とし、予算事業として各地方公共団体の社会教育施策・事業が位置付き、実施されるものだからである。本書ではこれ以降、行政活動としての社会教育に対象を限定し、「社会教育行政」というくくりの下で論を進めていくこととしたい。

（1）社会教育行政を規定するもの

社会教育行政の枠組みを規定しているのは法律である。教育に関する法律は、準憲法的性格を有する教育基本法の下、行政法学上の行政作用法という位置付けで、社会教育法が存在している。また、行政組織法としての地方教育行政の組織及び運営に関する法律（以下、地教行法という）に基づき、教育委員会の組織や職務権限が規定されている。つまり、社会教育行政は、社会教育法と地教行法に基づき、その役割や組織・権限が既定されている。

では、社会教育法において「社会教育」はどのように定義されているのか、見てみよう。

> 社会教育法第二条（定義）
> この法律において「社会教育」とは、学校教育法（昭和二十二年法律第二十六号）又は就学前の子どもに関する教育、保育等に総合的な提供の推進に関する法律（平成十八年法律第七十七号）に基づき、学校の教育課

程として行われる教育活動を除き、主として青少年及び成人に対して行われる組織的な教育活動（体育及びレクリエーションの活動を含む。）をいう。

　社会教育法第二条で押さえておくべきことは三点ある。一つは、教育基本法との定義の違いである。教育基本法第十二条では「社会教育」を「個人の要望や社会の要請にこたえ、社会において行われる教育」と定義しており、広い概念で社会教育を捉えている。一方、社会教育法では「教育基本法の精神に則り、社会教育に関する国及び地方公共団体の任務を明らかにする」（第一条）とし、多義的な社会教育の解釈を、行政の役割に引き付けて規定しようとしていることを確認しておくことが重要である。加えて、社会教育法第二条において、「この法律において『社会教育』とは」という表現を用い、教育基本法第十二条で定義した社会教育よりも、限定的に社会教育を捉えていることに留意する必要がある。

　二つは、社会教育法における社会教育とは、「学校の教育課程として行われる教育活動を除く」ということである。換言すれば、学習指導要領に基づいて行われる教育活動は社会教育ではないが、それ以外の教育活動は社会教育となるのである。現在、「学校の働き方改革」を進めるうえで、部活動の地域移行が政策課題として上っているのも、部活動は学習指導要領に基づかない教育活動（学校の教育活動であるものの、教育課程には位置づかない活動）だからである。

　三つは、「青少年及び成人に対する組織的な教育活動」として捉えているということである。ここで重要なのは、社会教育行政の対象範囲に「青少年」が入っているということである。これは、社会教育行政の学校教育支援機能について話を進めていく上で、欠かせない事柄である。ちなみに、「青少年」という用語には法的定義はない。私がかつて文部科学省の法規担当に問い合わせたところ、「青少年教育とは、学齢期からおおむね25歳までを指す用語だ」という答えが返ってきた。現在では、地方公共団体が策定している「子ども・若者計画」では青少年を30歳未満までととらえ

るという考え方が示されている[4]。

(2) 社会教育行政における学校教育支援機能の付加

　社会教育における学校教育支援機能の法的位置付けが明確になったのは、2008（平成20）年6月の社会教育法の一部改正による。その改正の論拠となったのが、2006（平成18）年12月の教育基本法改正において、学校・家庭・地域住民等相互の連携協力をうたった第十三条が新設されたことである[5]。

　　教育基本法第十三条（学校、家庭及び地域住民等の相互の連携協力）
　　学校、家庭及び地域住民<u>その他の関係者</u>は、教育におけるそれぞれの
　　役割と責任を自覚するとともに、相互の連携及び協力に努めるものとす
　　る。（下線：引用者）

　この条文は、一見すると教育界で一般に言われている子どもたちの育成には学校・家庭・地域社会の教育力が必要だという理念を単に条文化しただけではないかとみる向きもある、しかし「その他の関係者」とはいったい誰を指すのかということが明らかになると、それが単なる理念を記したものだけではないことがわかる。

　それを裏付けるものとして、教育基本法改正についての国会審議の中で、小坂憲次文部科学相（当時）が「その他の関係者」には、「企業やNPO等社会を構成する主体すべてが含まれる」と答弁していることに注目したい[6]。教育基本法第十三条が新設されたことを受け、その趣旨が2008（平成20）年6月に社会教育法の一部改正で反映された。その改正の内容を確認してみよう。

　　社会教育法第三条（国及び地方公共団体の任務）
　　第三項　国及び地方公共団体は、第一項の任務を行うに当たつては、

社会教育が学校教育及び家庭教育との密接な関連性を有することにかんがみ、学校教育との連携の確保に努め、及び家庭教育の向上に資することとなるよう必要な配慮をするとともに、<u>学校、家庭及び地域住民その他の関係者相互間の連携及び協力の促進に資することとなるよう努めるものとする。</u>（下線：引用者）

さらに、社会教育法一部改正では、社会教育行政の専門的教育職員（教育公務員特例法第二条を参照のこと）である社会教育主事の職務内容についても新たな規定が盛り込まれることとなった。

　　社会教育法第九条の三（社会教育主事及び社会教育主事補の職務）
　　第二項　社会教育主事は、学校が社会教育関係団体、地域住民その他の関係者の協力を得て、教育活動を行う場合には、その求めに応じて、必要な助言を行うことができる。

　教育基本法第十三条の趣旨が、社会教育法にのみ反映されたこと、社会教育行政の専門的職員である社会教育主事の職務の中に、学校の求めに応じた支援」が加わったことは、2003（平成15）年度の指定管理者制度等の導入や自治体行財政改革のあおりを受けて行政枠組み自体が不明確になりつつあった社会教育行政に大きな追い風となった。これをより所にして私は、都教委における社会教育行政を再構築していく論理を導き出すことができたのである。

2　都教委において社会教育行政が学校教育支援機能を自覚化していくプロセス

(1) 財政当局等による生涯学習振興行政廃止の動きへの反論

　本章の冒頭でも述べたように、東京都は、2001（平成13）年度末に「文

化行政一元化」の方針の下、それまで教育庁が所管していた文化施設四館（東京都美術館、東京文化会館、東京芸術劇場、東京都現代美術館）が生活文化局（当時）に一元化されることとなった。

　この動きに連動する形で、財政当局と人事当局から、教育庁生涯学習部（当時）を廃止しようという動きが始まった。2011（平成13）年3月には、教育庁の予算担当課長から「生涯学習事業について」というペーパーが生涯学習部に提示された。その中身は「現行（平成13年度）ベースの予算事業体系を根本から見直さないかぎり、次年度の予算要求作業に取り掛かることを認めない」という財務局主計部の見解をまとめたものであった（梶野 2016: 78）。

　そこには、文化振興行政の知事部局への移管が既定路線となったいま、生涯学習振興行政も知事部局での実施が可能であり、必要な事業だけ知事部局に移管すれば、生涯学習部自体が存在する意味はなくなるという主張が書かれていた。

　1996（平成8）年度から始まった「東京都財政健全化計画」以降、事業名に「社会教育」と名打たれた事業、例えば「女性のためのリーダー研修」「社会教育を振興するテレビ番組の提供」「（任命権者が異なる職員を対象とした）社会教育指導者研修事業」は、すべて廃止に追い込まれ、「生涯学習」を冠に掲げた事業だけ予算措置がなされる状況に陥っていた（梶野 2000）。

　それからわずか5年後には「社会教育行政」に続き、今度は「生涯学習」を冠にする事業が行財政改革のターゲットとなっていく。「基本的に生涯学習事業は、本人の生きがいづくりを目的に行われるものであり、公的予算を支出して対応するべきものではない」という見解が財政当局から出された。加えて人事当局（総務局人事部調査課）からも、「生涯学習という位置付けで実施している施策・事業は福祉局（当時）では高齢者の学習、生活文化局（当時）では女性の学習、環境局では環境学習といったように、すでに知事部局で実施されており、その他の生涯学習事業なら、生活文化

局のコミュニティ振興行政でも対応可能なので、生涯学習部が担う社会教育事業のほとんどを知事部局に移管することも可能なのではないか」という提案がなされたのである。

　2001（平成13）年4月、私は武蔵野青年の家から教育庁生涯学習部振興計画課計画係に主任職の社会教育主事補として異動してきた。この時すでに、文化行政の一元化だけでなく、東京都生涯学習センター、都立多摩社会教育会館が担う社会教育事業の廃止[7]、そして東京都青年の家の順次廃止等、生涯学習・社会教育施設も一気に廃止されることが内定していた。この状況を目の当たりにした私は、「社会教育施設が根こそぎ廃止となる中で、自分たち社会教育主事はこれからどうしていけばよいのだろうか」と途方に暮れた。しかし、このまま社会教育部門が教育施策の課題に応えられる部門であることを目指そう」と考え[8]、社会教育行政の再構築策を一人で模索しはじめたのである。

(2) 教育基本法改正の動きを踏まえ、社会教育行政の再構築を図る

　「いかにして行政内部で、社会教育行政の必要性を証明していくか」ということを考えながら国の施策等を検討していると、一筋の光明が見えてきた。その光明とは、2000（平成12）年12月に首相の私的諮問機関である教育改革国民会議が報告（『教育を変える17の提案』）を出しており、それを受け、教育基本法改正の動きが本格化しているということを知ったことである。

　教育改革国民会議の報告を受け、文部科学省は、2002（平成14）年2月に中央教育審議会（以下、中教審という）に基本計画部会を設置し、新しい教育基本法制定の動きを始めていたのである。私は、「これは施策を見直すチャンスだ」と考えた。なぜなら、私のこれまでの行政経験の中で、新規施策の予算化が認められる条件は、①国の法制度改正の動きがあり、それとの関連で施策・事業を見直す必要があること、②都知事が交代し、新知事の意向を受け、知事が考える政策課題に応えるための施策・事業の構

築が求められること、の二つだということを学んでいたからだ。ちなみに、それまでの私の社会教育主事としての職務経験の中で、上記①や②の対象に社会教育施策・事業が該当することはなかった[9]。

　学生時代から教育学を学んできた私は、教育基本法が改正されるという動きを複雑な思いで受け止めていた。しかし、行政職員であるもう一人の私という立場から見ると、これは新たな社会教育施策を構築する好機であるという捉え方もできた。そういった制度の転換期こそが行政施策を見直す格好の機会なのである。

　そこで、2002（平成14）年4月からの学習指導要領改訂による「総合的な学習の時間」の導入と完全学校週5日制の導入等を受け、社会教育行政が学校教育との連携の確保を進める必要があることを示し、その観点から生涯学習部の予算事業体系の抜本的見直しの提案を行った。その結果、財政当局から次年度（2003年度）予算要求作業に入ることを了承してもらうことができた。このような経緯を経て施策化したのが、学校が取り組む「総合的な学習の時間」を地域住民が支援する仕組みである「地域教育サポートネット事業」（東京都単独補助事業、1/2都補助、予算額1,000万円、杉並区、板橋区、足立区、立川市、小平市の5区市で実施）であった。

　また、教育改革国民会議報告の『教育を変える17の提案』の中に、「奉仕活動を全員が行うようにする」という項目があった。これを受ける形で2001（平成13）年7月に学校教育法と社会教育法の一部改正[10]が行われ、「小学校、中学校、高等学校等において児童生徒の社会奉仕体験活動等の充実に努めるとともに関係団体、関係機関との連携に十分に配慮するものとされ、また、教育委員会の事務として青少年に社会奉仕体験活動等の機会の実施及びその奨励に関する事務」が明記されたのである。この法改正も地域教育サポートネット事業の追い風にすべく、予算要求作業の説明資料の中にこの社会教育法一部改正の動向を盛り込んでいた。

　しかし、東京都単独補助事業の補助期間[11]は、一般的に3年で終了してしまう。そこで、3年に1回のペースで新たな施策アイデアを繰り出さ

ない限り、社会教育施策・事業は早晩行き詰まりをみせてしまうことになってしまう。そこで、安定的・継続的に社会教育施策・事業を行うための強力な後ろ盾をつくる必要があった。しかし社会教育法は、施策を展開する上での根拠法としての位置付けが弱い法律であるため、社会教育法によるだけでは、安定的・継続的に社会教育施策・事業を展開することができないという大きな問題を抱えていた。

　地域教育サポートネット事業は、都教委内部での評価が高かった。そのため学校教育と連携する社会教育行政という方向を選択したことは、社会教育行政の再構築策の第一歩としては、成功であった。

　しかし、区市町村への補助事業だけでは、東京都の社会教育行政の安定的基盤強化にはつながらない。そこで、社会教育法によるだけでなく、学校教育との連携を一層推進していくための根拠をいかにつくるかを考えなければならなかった。

　2003（平成15）年3月に中教審は『新しい時代にふさわしい教育基本法と教育振興基本計画の在り方について（答申）』という形で議論をまとめた。その答申を読むと「学校・家庭・地域社会の連携協力」が新しい教育基本法に条文として設置される方向性が示されていたのである。1947（昭和22）年に制定された教育基本法を改正するという動きが起きること自体が何十年に一度のものであり、この好機を逃しては社会教育行政の再構築などといってはいられない。そこで、私は、生涯学習部長（当時）に中教審答申の内容を報告・相談し、東京都生涯学習審議会を設定する方向を確認した（梶野 2016: 84-104）。

　中教審答申からわずか2ヶ月後の2003（平成15）年5月には、第5期東京都生涯学習審議会（以下、第5期生涯審という）を立ち上げ、東京都教育委員会から以下の事項を諮問することとなった。まず、その諮問事項を見てみよう。

（諮問文）　15教生計第204号

東京都生涯学習審議会

　東京都生涯学習審議会条例第2条第1項の規定に基づき、下記の事項について諮問します。

　平成15年5月27日

東京都教育委員会

記

1．諮問事項

　子ども・若者の「次代を担う力」を育むための教育施策のあり方について～社会教育行政の再構築に向けて～

2．諮問理由

　今日、社会では子どもや若者が夢や目標を持ちにくくなっており、規範意識や道徳心、自律心を低下させている。いじめ、不登校、中途退学、児童虐待など深刻な問題が依然として存在しており、少年犯罪の凶悪化も懸念されている。

　今求められているのは、子どもや若者が国家・社会の形成者になることを目指し、社会の一員として、その使命、役割を自覚し行動する力、いわば「次代を担う力」を身に付けていくことである。

　国においては、人間性豊かで創造性に富んだ日本人を育成するため、「21世紀教育新生プラン」を取りまとめ、これに基づき、既存の教育システムを抜本的に改革する取組を進めているところである。

　東京都においても、21世紀の東京の創造的発展を担う子どもたちを育てる視点から、学校、家庭、地域、社会全体を視野に入れるとともに、幼児期から青年期までの各発達段階をトータルにとらえた「東京都教育ビジョン」を策定し、東京都における新たな教育改革の道筋を都民に示していく予定である。

　こうした取組をより実効性あるものにするためには、学校教育改革と

軌を一にして、「家庭教育支援」と「地域の教育力の向上」に取り組む社会教育施策を検討する必要がある。

　また、これまでの社会教育行政においては、成人を主たる対象とする施策に重点が置かれ、子どもや若者課題解決に向けた取組は十分とは言えない状況であった。そのため、学校教育を支援し、学校教育と連携した社会教育行政のあり方についてあわせて検討していく必要がある。

　上記のような諮問文を作成し、教育委員会での付議を経て、第5期生涯審を立ち上げるに至った。以下ではそのプロセスについて詳しく述べたい。

　中教審答申を受け、①都教委生涯学習部内で第5期生涯審の審議事項について部長、課長、社会教育主事（梶野）で検討を進め、大まかな方向性を出す、②①の打ち合わせの内容を踏まえて、社会教育主事（梶野）が諮問文案の作成を行う、③部内での内容確認ののち、教育庁三役（総務部長→教育次長→教育長）の順にレクチャー（以下、レクという）を行い、趣旨を説明するとともに、三役からの指示に応じて文書を修正する、④教育長の了承が得られたのち、審議会委員の人選とともに知事に協議をかける（東京都生涯学習審議会条例第2条第1項に「審議会は、東京都教育委員会又は知事の諮問に応じ、都民の生涯学習に資するための施策の総合的な推進に関する重要事項を審議する」とあるため）、⑤知事協議終了後、今度は教育委員会の議案として付議する。教育委員会では東京都教育庁（教育委員会の事務局）を代表して生涯学習部長が説明を行い、教育委員会で了承が得られたのちに、ようやく審議会が設置され、審議を始めることが可能となるのである。

　先に紹介した諮問文の中の表現で、いろいろと疑問を抱いた方も少なくないと思う。しかし、知事協議から教育委員会への付議を経て、審議会へ諮問するというプロセスを経る必要があったため、当然、諮問文案の中に、当時の石原慎太郎知事や教育委員等の政策形成の主要アクターへの説明に耐えうるフレーズを盛り込んだのである。都庁という行政組織の中で、着実に仕事を進めていくためには、都政の動向をしっかり把握した上で、そ

の動向を踏まえ、その方向に沿って適切だと幹部職員から認識される行動をとることが求めれられているのである。

　このように行政職員には政治の流れを把握し、そのなかでどのように自分たちの主張を通していくかという問題意識を持つことは不可欠である。そのため私は、諮問文を作成する段階から、都知事や都議会与党の考え方を把握する作業を余念なく行った。上司から質問されても、「このフレーズは、知事の議会答弁の趣旨を踏まえて考えました」等の説明をして、凌いでいくわけである。しかも、自らが設定した目的からずれないよう、細心の注意を払いながら説明をしていかなければならない。もちろんその目的とは、第５期生涯審答申に基づき社会教育行政の役割の中に「学校教育支援機能」があることを、明確に示すことであった。

　社会教育法は行政作用法としての位置付けをもつことは先に述べた。行政作用法の多くは、規制的作用を中心に構成されている。しかし、社会教育法にはそのような規制的作用に触れた条文はほとんど存在しない。また、市町村の任務については、「市町村の教育委員会（都道府県の教育委員会）は、社会教育に関し、当該地方の必要に応じ、予算の範囲内で……事務を行う（下線：引用者）」（社会教育法第５条及び第６条を参照）と表現されており、社会教育にどこまで力を入れるかは、あくまでその地方公共団体の意思に委ねられているのである。そのため、多くの地方公共団体において、社会教育施策・事業は、行政施策のプライオリティ（優先順位）において、低い順位に置かれてしまう傾向がある。

　社会教育法が規制的作用を発揮する性格の法律ではないゆえに、教育行政が繰り出す施策のほとんどが学校教育に関するものばかりになってしまうのもある意味、当然なことである。

　しかし、行財政改革の動きの中であって、上記のような能動的な動きを起こしていく上で、社会教育行政の存在意義を主張し続けなければならなかった。加えて、政治学者の松下圭一が『社会教育の終焉』で述べているように、市民社会の中で啓蒙的な役割を果たしてきた社会教育は市民が成

熟した都市社会においては不要だという主張（松下 1985）や生涯学習政策の考え方の下では、知事部局の生涯学習事業も成立するという考え方の中で、行政組織内部における社会教育の存在感は小さくなる一方だったからである。

　社会教育行政の再構築の考え方をどのように打ち出すか、いろいろ考え抜いた末に到達した結論が、「学校教育支援」という考えであったのだ。

（3）地域教育プラットフォーム構想――第5期東京都生涯学習審議会答申

　2003（平成15）年5月に発足した第5期生涯審は、約2年の審議期間を経て、2005（平成17）年1月に「子ども・若者の『次代を担う力』を育むための教育施策のあり方について――『地域教育プラットフォーム』構想を推進するための教育行政の役割」という答申（以下、第5期答申という）をまとめた。この答申では、東京都教育委員会（以下、都教委という）が実施する今後の教育施策の方向性を以下のように示している。

　　教育施策の再編成（つまり、子ども・若者を中心に据え、学校教育と社会
　　教育の連携・融合）の視点に立ち、「学校・家庭・地域が協働するしくみ
　　づくり」を目指す。

　ここでは、これまで教育行政の中で用いられていた学校教育と社会教育という二分法から脱却すべきという考え方を提示している。その上で、社会教育施策の方向性を次のように提案した。

　　（1）都教育委員会が行う社会教育施策の重点を「子ども・若者」におく。
　　（2）学校教育と軌を一にした社会教育行政を推進する
　　　　それに伴い、
　　（3）子ども・若者を中心に据えた教育施策は、
　　　　①「家庭教育支援施策」②「学校教育支援施策」③「学校外教育施策」

の３方向から実施していく

　第５期答申では、これらの施策の考え方を具現化していくために、社会教育行政は、「地域教育プラットフォーム」づくりを進めていくことが必要としている。

（4）地域教育プラットフォームとは何か

　学校・家庭・地域が協働する仕組みをどのようなコンセプトにまとめるか、ということを第５期生涯審の中で審議していたときに、委員の一人[12]から「地域プラットフォーム」という考え方が提案された。

　この考え方は、2000（平成11）年に施行された新事業創出促進法[13]で取り上げられたもので、「地域資源を活用した新事業創出を目的とした産業支援機関、大学、自治体など事業創造のネットワーク」を指していた。その考え方を教育分野、社会教育分野で生かそうとしたのが「地域教育プラットフォーム構想」である。図表５に地域教育プラットフォーム構想の概念図を示した。

　この構想は、①学校区レベル、②区市町村レベル、③東京都レベルの三層構造を想定していた。なかでも重視していたのは、学校区レベルでの学校・家庭・地域が協働する仕組み[14]である。

　この構想を具体的に東京都の予算に反映させていくためにはいくつものハードルがあった。第一は区市町村に対する施策誘導の方法である。東京都がいくら構想を示しても、基礎自治体としてそれを受け入れ、地域社会や学校の状況を把握しながら、仕組みをつくってくれるパートナー（区市町村）をどのようにして見つけ出すかが課題となった。また、地方分権の考え方が浸透していく中で、区市町村が行う事業（国庫補助金等の財政的裏付けがない事業）の経費を東京都としていかに確保するかという問題もあった。

　第二は、地域教育プラットフォーム構想を展開していく上で東京都の役

図表 5 地域教育プラットフォーム構想の概念図

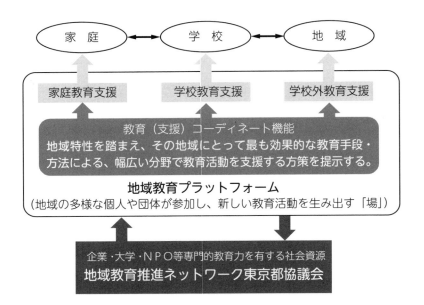

(出典) 第6期東京都生涯学習審議会建議 (2006年11月) をもとに筆者作成

割をどのように設定するか、ということである。

前者に関しては、東京都の委託事業として施策化することができた[15]。後者に関しては、広域行政としての東京都の役割を整理し、都内の企業や大学、NPO 等の社会資源がもつ教育力を、社会教育主事が有するコーディネート能力を生かし、それらの資源を教育の資源として組織化することを目指した。このようにして 2005(平成 17)年 8 月に誕生したのが東京都レベルの教育プラットフォームである「地域教育推進ネットワーク東京都協議会(以下、ネットワーク協議会という)」である。

(5) 社会教育主事のコーディネート能力をネットワーク協議会に生かす

ネットワーク協議会の設置は、都教委内部における社会教育主事のプレ

ゼンス（存在感）を高めていくきっかけとなった。ネットワーク協議会を社会教育主事がどのように組織化したか、そのプロセスについては、筆者が別途原稿を執筆しているのでそちらを参照されたい（梶野 2015）。ネットワーク協議会の加盟団体数は、2024 年（令和6）年7月末時点で635 にまで広がっている。

　ネットワーク協議会に期待した機能は、「マッチング機能」である。教育支援活動を行いたい企業や NPO 等の関係者のニーズを把握し、それを学校側が求めている支援ニーズと擦り合わせる作業を行うのである。ここで重要なことは、単なる企業や NPO の紹介にとどまらず、学校と企業・NPO 等の協働の効果が最大限になるようなコーディネート機能を社会教育主事が発揮することであった。そういった場面を通じて教育行政内外で社会教育主事の専門性を理解してもらえると考えていたからである。以下に社会教育主事がどのように役割を発揮してきたのか、その事例を紹介したい。

　多くの企業や NPO 等の担当者が「教育支援を行いたい」と考えたとき、まずは自らで学校を見付け、直接働きかけを行うのが通例である。学校側は企業等の話を聞き、自分たちが求めていることだけやってほしいという言い方で支援を依頼する。例えば、「総合的な学習の時間で社会人から話を聞くという授業を行いたいので、2週間後に、文系理系別にできれば生徒の進学意欲が高まるような社会人を1クラス2人ずつ、7クラスなので、計14名社会人講師を用意してくれませんか」という具合に学校からのオーダーが出される。しかし、簡単に学校側の要望どおりに企業や NPO 等が社会人を集められるわけがない。なぜなら、多くの社会人は平日の昼間の時間は、自分の仕事の時間と重なってしまうからだ。そこで企業や NPO 等の担当者から「それはちょっと難しいです」と学校側に回答すると、学校からは「それが無理なら結構です」といった回答がなされ、結果的にマッチングが成立しないことが多い。

　このようなミスマッチを解消し、企業や NPO 側、そして学校側双方のニーズを把握し、双方のニーズが満たされる解を提示していくことこそ、

社会教育主事の役割であり、「専門性」を発揮する絶好の場面なのである。

　社会教育主事は、学校側のニーズを把握するとともに、学校管理職の経営方針、教育活動の中核を担う教員の問題意識、フォロワーとしての教員たちの意識をたえずアセスメントし、そのうえで、教育資源を提供する企業やNPOをどのような形でコーディネートすれば良いかを考え、学校と企業・NPOの双方が納得できる調整案を提示するのである。コーディネートする内容は二つとして同じものにならないし、マニュアル化・形式化できないからこそ、専門性が必要となるのである。これこそが、2008（平成20）年の社会教育法第9条3第2項で新設された「学校の求めに応じた支援」の内容を具現化したものである。

　社会教育主事のコーディネート機能の発揮は、2007（平成19）年度に都教委が全都立高校に導入した教科『奉仕』に対応するために施策化した「都立高校教育支援コーディネーター事業」をきっかけに本格化した（梶野 2012）。その後、2012（平成24）年2月に策定された『都立高校改革計画・第一次実施計画』に盛り込んだ「企業・NPO等と連携した都立高校生の『社会的・職業的自立』教育支援プログラム事業、2016（平成28）年度に施策化した「都立学校『自立支援チーム』派遣事業」、2019（令和元）年度に施策化した「NPO等と連携した学びのセーフティネット事業」、2023（令和5）年度に都立総合学科高校を対象に施策化した「NPO等の連携による社会人基礎力向上事業」、さらには2024（令和6）年度に施策化した「インクルーシブ体験プログラム事業」[16]へと社会教育事業を拡大させていくことができたのである。

3　社会教育行政に「学校教育支援機能」が付加された意義を考える

（1）社会教育行政の歴史的成り立ちから学ぶ

　社会教育行政に「学校教育支援」機能があることは、実は日本における

図表6　社会教育の歴史的発達形態（松田編 2015）

1	**自己教育としての社会教育論** ・福澤諭吉による自己教育としての社会教育思想（明治初期） →川本宇之介「自己教育論としての社会教育論」の体系化（1920年代後半） ⇒戦後、「自己教育」論は有力な社会教育論となった。
2	**学校教育と密接に関連付けられた社会教育論** ・明治中期に学校教育を「補翼」し、就学を促進するための通俗・社会教育論 →乗杉嘉壽（初代社会教育課長）による「教育改造」（学校を変革し、教育改革をリードする「学校の社会化」）としての社会教育論（1920年代後半） ⇒現在、学校教育と社会教育論の連携もしくは融合とする観念あるいは「開かれた学校づくり」の思想的な背景となっている。
3	**「教育の社会化と社会の教育化」としての社会教育論** ・日本で最初の『社会教育論』（1892）を著した山名次郎 →文部省普通学務局第四課（行政組織における最初の社会教育部署、1919-1924）において定式化される「教育の社会化と社会の教育化」論（学校外の教育というような領域のみではない社会教育の社会的な機能を重視する社会教育論） ⇒教育の機会均等論と結びついて、障がい児や貧困児童など子当時の学校教育から排除された子どもたちの教育保障を積極的に担う「教育的救済」としての社会教育論
4	**地域振興を牽引する機能を担う社会教育論** ・1880年代に登場。内務省の「地方改良運動」／地域における社会改良と教育の向上を一体のものとして考えるという発想 ⇒戦後の公民館において継承され、地域づくりの社会教育論として議論を展開している。

（出典）松田武雄（2015: 8-9）をもとに筆者作成

　社会教育行政が成立した初期の時点で議論されていた。松田武雄は、社会教育という概念は「社会」と「教育」を合成してつくった造語であり、社会を意識し、社会を対象とし、社会に関わる概念として成立したものであると指摘している。その点では教養教育を重視したイギリスの成人教育とは性質を異にする部分がある。また、社会の一般大衆が教育に通俗的に接近するツールとして趣味的・娯楽的な要素が社会教育に取り入れられ、市民社会を担う市民の育成のために教養教育が取り込まれていった。その一方で、国家的な社会問題対策のツールとして社会教育が定位されたという（松田編 2015: 6）。

　そのことを踏まえ、松田は社会教育の歴史的な形態を以下の4つに整理

している（図表6参照）。

　現在の日本の社会教育学研究の主流は、松田が整理したところの「1　自己教育としての社会教育論」と「4　地域振興を牽引する機能を担う社会教育論」に置かれている。しかし、都教委で社会教育行政が再構築を担ってきた社会教育主事としての私の実感を踏まえると、むしろ「2　学校教育と密接に関連付けられた社会教育論」や「3　『教育の社会化と社会の教育化』としての社会教育論」の方が社会教育行政の施策として、しっくりくるのである。

　岸本幸次郎は「社会教育行政とは、社会生活の中で様々な内容や形態や方法をもって行われている社会教育活動に対する行政の関与であって、その性格や機能は各国の政治的、経済的、文化的諸条件によって時代ごとに変化するものである」（岸本 1979: 33）と社会教育行政の性格を指摘している。岸本の指摘のように、社会教育行政の力点は、時代状況により変化するものという捉え方は、長い間行政に身を置いてきた私には納得できる指摘である。

　また社会教育法第五条（及び六条）において、教育行政が担う社会教育の事務は「地域の実情に応じて、予算の範囲内」で行うこととされているのであるから、文部科学省が施策化した事業をそのまま実施すればよいという考え方から脱却し、自分が所属する地方公共団体の独自性を生かした社会教育行政を展開してもよいのではないかと思う。

　学校教育制度は、日本の近代化を推進するため、1872（明治5）年に誕生（「学制頒布」）し、戦前・戦後を通じて、日本の工業社会化の振興に絶大な役割を果たしてきた。つまり、Society3.0（工業化社会）を達成するための有効な社会装置として生まれ、そのシステムを存続させてきた。しかし、現代は、Society5.0（仮想空間と現実空間を高度に融合させたシステムにより、経済発展と社会的課題の解決を両立する人間中心の社会）が目指される時代である。学校という場で不登校・いじめをはじめとした子どもたちの成長・発達の根幹に関わる問題が発生し、しかも不登校者数は、その数が指

数関数的に増えている。この状況において学校教育制度の見直しという狭い視野からではなく、日本の教育制度を根本から見直すという広い視野に立って、政策が立案されなければならない時代になっている。そのような文脈の中で、教育行政における社会教育行政の果たすべき役割を捉え直し、再構築するという考え方は時宜に適っているのではないか。そういった問題意識に基づき、日本において社会教育行政が成立に至った歴史を紹介した。この分野は私自身深い考察・論証ができているわけではないが、今まさに私が直面している社会教育行政の再構築の課題と共通した構図が社会教育行政の成立時にあったという事実は、私を勇気付けてくれたのである。

(2) 社会教育行政の発足時の行政官たちの問題意識

　日本の行政機構に初めて社会教育を所管する部署が誕生したのは、1919（大正8）年6月に文部省に普通学務局第四課が設置されたことによる。

　高橋正教によれば、南弘文部次官（当時）は『社会と教化』（第1巻3号、1921.3）に掲載された論文「新教育政策の樹立」の中で、「今本省において社会教育上調査し施設せんとしている事項」として「学校教育に対立すべき意味の社会教育事業と学校教育の社会政策的施設の二方面」を挙げ、前者を「積極的方面」、後者を「消極的方面」として位置付けている。「積極的方面」とは、学校教育に協力し、その効果を維持発展させるためのものを指し、「消極的方面」とは貧困児童・障害児・病弱児・非行少年などに対する「教育的保護」を指している（高橋 2002: 39）。また、普通学務局第四課の初代課長である乗杉嘉壽も貧困児童等に対する「教育的保護」を社会教育行政の所掌事項の一つに位置付けている。

　このように、社会教育行政発足時の行政官たちには、学校教育をいかにして改革していくかという文脈の中に社会教育行政の組織化を位置付けようという問題意識があった（松田 2002: 59）のである。

　以下では、普通学務局第四課の初代課長であった乗杉嘉壽の主張をより所に、社会教育行政が誕生した時の行政官の問題意識に触れてみたい。

(3) 学校教育に対する批判としての社会教育

　乗杉嘉壽は、『社会教育の研究』(同文館、1923年) という大著を残しているが、同書に所収されている「学校教育に対する批判としての社会教育」という論文の冒頭で以下のことを述べている (乗杉 1923: 214-215)。

　　　社会教育の主張はそれ自身学校教育に対する実に有力なる一の批判である。学校教育を広い教育といふ立場から徹底的に批判して、その短所欠点を極め、その匡救の方法を講ずるとき、そこに社会教育は自ら生まれ出でざるを得ないのであつて、即ち社会教育そのものはその独自本来の使命の外、一面学校教育に対する批判として之をみることができる。

　乗杉は社会教育の意義を学校教育との関連において、三つ示している。一つは、社会教育の意義は「学校教育の完成」にあり、二つは「学校教育の洗練」であり、三つは「学校教育の実際化」である (松田 2002: 60)。いずれにせよ、乗杉は、学校教育の閉鎖性や実社会との結びつきの弱さ、そして知識偏重主義を批判し、それを補うのが社会教育だという主張を展開していたのである。

(4) 教育的救済としての教育の機会均等論

　普通学務局第四課における社会教育行政組織化のもう一つの理念として、「教育の機会均等論」がある。これも松田武雄の研究によれば、乗杉は、「教育の機会均等」の理念を特に教育的救済の問題として捉えているという (松田 2002: 62)。

　乗杉は学校教育の欠陥を救済する道として「貧困児童の保護」「盲唖者の教育」「不良少年の感化事業」「病弱児童、結核児童、不具児童等の教育」を今後の社会教育の事業として位置付けている。

　乗杉は先に紹介した『社会教育の研究』で、教育的救済としての社会教

育の重要性を以下のように述べている（乗杉 1923: 11）。

　　かの社会や家庭の欠陥から生じてきた不幸なものに対して、特に教育的救済は或いは矯正の手段を講ずることも、また社会教育施設の中の重要なる部分を形造くるものといわねばならぬ。ここに教育的救済というのは、社会における弱者を救済するに、物質的に之を行ふに対し、精神的に行ふ意味である。かくの如き事業が、将来社会教育の重要なる部分を占むべきことは、最早疑を容るべき余地がなくなった。

(5)「教育的救済」として社会教育の系譜を引き継ぐ戦後の勤労青年教育

「教育的救済」としての社会教育という考え方が、戦後の日本でも適用されていたことがある。それは、勤労青年教育の分野である。

かつて社会教育学研究では、「二つの青年期」論が論じられていた。青年期とは、子どもから大人への移行期あたる時期を指すが、この青年期の過ごし方が後期中等教育（つまり高校）に進学する者と義務教育終了後に主に労働に従事する者（いわゆる勤労青年）に分けられていた（宮原 1966 及び小川 1978）。

工業化の進行に伴い、地方（農村部）の義務教育修了者等が大都市の中小零細企業等に就職するために都市部に流入する者（都市流入青年）が急激に増加する動きが顕著になったことに伴い、その受け皿づくりが急務であった。これらの青年たちは、家庭の経済的事情等でやむなく高校進学を断念した者たちも多かったため、学習意欲も高かった（福間 2020）。

これらの層を受け入れる役割を期待されたのが社会教育行政であった。都教委は、1953（昭和 28）年 8 月の青年学級振興法[17]（のち 1999 年に廃止）の施行をきっかけに、区市町村でも青年学級を積極的に開設していく。

当時、東京都の教育行政における青年学級の所管は、青少年教育課であった。以下に東京都教育委員会における青年学級普及のための方針を紹介する（東京都教育委員会 1954）。

青年学級振興法は、青年学級を定義して〝青年学級とは、勤労に従事しようとする青年（以下、勤労青年という）に対し、実際生活に必要な職業又は家事に関する知識及び技能を習得させ、並びにその一般的教養を向上させることを目的として、この法律の定めるところにより、市（特別区を含む、以下同じ）町村が開設する事業を言う〟、と言っているが、これを稍具体的に解釈すれば、次のような性格をもつものといえよう。

　1．青年学級は義務教育終了後いろいろの理由で高等学校にも進学することのできない勤労青年を対象として、職業・家事・一般的教養に関してその地域の実情に即し……（地域の課題解決）、その青年の実際生活に即応する……（青年の要求に即応）学習を行わしめる社会教育（国民大衆の自己教育、相互教育）の一環としての組織的計画的な事業である。
　2．青年学級は単なる学校教育の補充的性格、或は学校教育に機会を得られぬ者のための救済的意義をもつものではなく、働く青年自らが問題を発見し、共同学習によって問題を解決してゆく、こうしたことを基本にして近代的な知識と科学的な生産技術と豊かな人間的教養をもつ勤労青年を育成することを目標として開設されるものである。（青年学級の：引用者注）教育の対象について中学校卒業とする点では問題ないが、最高の限界をどこにおくかということについては多くの問題がある……学級の編成や心理的発達、関心、能力的による教育上の効果からみて原則的には中学校卒業後二十才未満の者を対象とし、それ以上のものは一般成人を対象とする成人学校、社会学級にゆずることが適当だとの論もあるが、現実には青年団体との密接な関係からおおむね二十五才をその限界と考えるのが適当であろう。

　このように、東京都における青年学級は青少年を対象とした社会教育事業として、独自の目標と内容の充実を志向していた。青年学級振興法が施行されるや否や、区市町村は青年学級を積極的に開設し、都教委は区市町

村の教育委員会の事務局担当者や、すでに開設されている青年学級の主事・講師等を対象とした講習会等を積極的に開催し、1954（昭和29）年には214学級、1955（昭和30）年には最大の237学級が開設されることとなったのである。

しかし、これら青年学級設置の積極的動きは、長くは続かず、1955（昭和30）年度をピークに減少の一途をたどっていく。1964（昭和39）年度の青年学級数は、1959（昭和34）年度の231ヶ所の約二分の一の126ヶ所へと減少していくこととなる。

この背景には、後期中等教育（特に夜間定時制高校）等の整備が進んだことがある。1955（昭和30）年度に55.4％であった高校進学率が、1963（昭和38）年度には75.8％に上昇したことからもわかるように、高度経済成長が都民の所得の向上をもたらした結果、もともと学ぶことへの憧れをもっていた勤労青年層の存在は薄れていくこととなる。

(6) 社会教育行政の「学校教育支援機能」に内包されるもの

社会教育行政に課せられた歴史的役割を、教育制度論的視点から考えてみると、学校教育の補完・代位[18]としての役割が大きかったように思う。

このような考え方を踏まえ、社会教育行政の学校教育支援機能という考え方に内包される考え方を整理してみたい。

第一に、学校教育でカバーできない、もしくはカバーしきれない領域・分野に視点を当てることである。現代における貧困の問題にアプローチする教育的救済としての社会教育の役割である。第二に、自己完結的な傾向がある学校教育に対し、地域や社会の接点を見つけ出すアプローチをしていくことである。それが、学校教育が実社会とのつながりを取り戻して、子どもたちに本当の意味での「生きる力」を育成することにつながっていく。

4　現代における「二つの青年期」論

　現在では、高校進学率が98％を超え、「高卒当然社会」という概念（香川・児玉・相澤 2014）まで提起される時代状況となる中で、勤労青年ということばももはや死語となっている。

　しかし、私自身はかつて社会教育で議論していた「二つの青年期」論は、形を変えれば、現代でも有効な考え方だと考えている。それは「学校教育制度に適応している者」と「学校教育に適応できていない者」という形で捉えることができる（図表7参照。）。

（1）学校教育への過度な役割期待
　学校教育を取り巻く状況は非常に厳しい。子どもたちをめぐる課題として指摘されるのは、不登校、いじめ、発達障がい、メンタルヘルス等があ

図表7　「二つの青年期」を考える図式

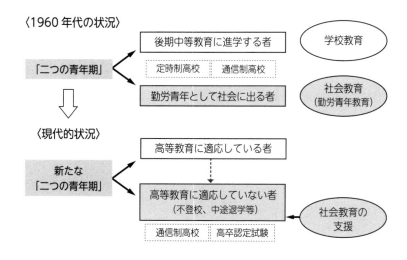

（筆者作成）

り、学校教育（教員）に期待される役割としては、学力の向上、体力の向上、職業体験をはじめとした体験活動機会の提供、子どもの貧困問題への対処、インクルーシブ教育、外国ルーツの子どもたち（場合によってはその家族）への対応、ヤングケアラーの発見等があげられる。

　家庭や地域の教育力の低下が叫ばれた1970年代以降、子どもたちを取り巻く課題の解決をすべて学校に委ねようとしてきた。今日では、子どもの一次的社会化の中心的機能の一つである、一般に「しつけ」と称される日常生活における基本的な行動様式や習慣の「型」を習得させる行為でさえ、学校教育に求める声もある。

　社会化とは「個人が集団や社会の規範や文化を内面化する過程、つまり個人が所属する集団や社会のメンバーになっていく過程」ととらえることができる（日本教育社会学会編 2018: 306）。子どもたちを社会化する上で、第一義的に重要な役割を果たしてきたのが家族による社会化（第一次的社会化）である。家族に期待される社会化の内容は、乳幼児期における言語や基本的な行動様式、習慣の習得、また、青少年期に入ってからも学校生活適応のために必要な行動様式の獲得などが挙げられる。

　一方、学校というシステムに求められるのは二次的社会化、すなわち、社会の成員として必要となる知識や行動様式、価値や規範を習得させる機能であり、第一次的社会化の機能を子どもたちに習得させる役割まで学校教育では担えないことを我々は認識すべきである。

　しかし、学校教育への社会からの期待（押しつけ）はとどまることを知らない。そんな中で、制度としてあらかじめ設計されていたこと以上の過度な役割期待が学校・教員に寄せられることになり、その結果、公立学校教員の実質的な労働時間は（自宅への持ち帰り仕事を含めて）月平均残業時間は96時間に達するという調査結果が出ている[19]。この結果は「過労死ライン」といわれている月80時間残業を大幅に超えており、「学校のブラック化」ということばまで生み出されるようになった。

　そのような中、公立学校教員を目指す者の数も減少の一途をたどってお

り[20]、「学校の働き方改革」を進めることは「待ったなし」の状況である。

(2) 一向に減らない不登校・いじめ問題

　学校の働き方改革が論じられている文脈ではあまり語られることはないが、学校教育が子どもたちに及ぼしている負の影響という点も見過ごせない問題である。

　その代表的なものが不登校児童生徒の急激な増加である。特に令和2年度から令和5年度にかけて都内公立学校における不登校数児童生徒の出現率（小学校では令和2年度 1.06% が令和5年度 2.21% に、中学校では令和2年度 4.93% が令和5年度に 7.80%）が大幅に増えていることがわかる[21]。

　この不登校者数激増の背景には、新型コロナウィルス感染症が与えた影響も大きく影響していると思われるが、それ以上に、子どもたちにとっての「学校に通う意味」自体が問われるという状況になっていると認識した方がよいだろう。

　いじめについては、2013（平成25）年に公布された「いじめ防止対策推進法」の考え方、特に同法第28条にある「重大事態」への対応策が教育行政で徹底されていくということも手伝って、学校における「いじめ」に対する認知もセンシティブになった結果、認知件数の増加がみられている（令和2年度及び令和3年度の数値は、新型コロナウィルス感染症の影響で学校が休校になった等の理由が考えられる）。いじめに関しては、データ上は小学校での発生が占める割合が非常に高いという結果がみられる。

　都教委関係者は、毎年秋にいじめ・不登校の数が示される「児童・生徒の問題行動・不登校生徒等生徒指導上の諸課題に関する調査」（以下、問題行動調査という）の結果が公表されるたびに、大きなため息をつくことになる。

　その理由は相当の時間と労力そして予算をかけて、いじめ・不登校対応に教育行政は力を入れているのにもかかわらず、それが「焼け石に水」状態だからである。

(3) 都立高校における不登校・中途退学の現状

次に都立高校における生徒の対応状況について検討してみたい。

都立高校における不登校者の割合をみると、令和2年度で全日制課程が0.73％（899名）だったのが、令和5年度には1.77％（2,067名）に増え、定時制課程では、令和2年度で16.35％（1,699名）だったのに対し、令和5年度には、34.89％（3,266名）へと増加している。

次に、中途退学者数の推移についてみてみたい。

全日制課程は、令和2年度0.8％（924名）が令和5年度は0.9％（1,091名）であり、定時制課程では、令和2年度5.6％（581名）であったのが令和5年度は8.3％（776名）となっている。また、令和4年度からは新たに通信制課程の中途退学率と中途退学者数が明らかにされている（令和5年度中途退学率：12.7％、中途退学者数：214名）。

自立支援チームを開始した2016（平成28）年度以降、中途退学率はほぼ横ばいで、1.0％程度の状況であるが、不登校出現率は特に定時制課程で増加傾向にある。

最初の『都立高校改革推進計画』が1997（平成9）年度策定された際の中途退学率は、全日制課程で3.6％、定時制課程で18.3％であり、2010（平成22）年度では、全日制課程で1.6％、定時制課程で12.0％だったことを考えると、2012（平成24）年2月に『都立高校改革推進計画・第一次実施計画』を策定し、都教委が本腰を入れて中途退学未然防止に力を入れた成果がそれなりに現れてきたとみることもできる。しかし、問題行動調査の結果からは把握できないが、中途退学率が低下した背景には、各都立高校が「転学」（高校に在籍している生徒が、引き続き他の高校の相当学年に入学することを指す）や「編入学」（種類の異なる学校からの入学等、第1学年当初の入学時以外の時期に高校に入学すること）の制度を上手に活用してきたということも考えられる。

加えて、見逃してはならないのが、中学卒業段階から全日制課程や定時制課程の高校を選ばず、通信制課程に進学する生徒が年々増えてきている

ことである。

　都教委が毎年度公表する『公立中学校等卒業者の進路状況調査結果』の数字を見てみると、通信制課程の高校に中学卒業後ストレートに進学する者の数が、2012（平成24）年度は1.52％（1,165名）であったのに対し、2023年（令和5）年度には6.90％（5,450名）へと大幅に増加していることがわかる。

　これは都内公立中学校の進路指導担当教員から聞いた話であるが、すでに「中学段階で不登校状況にあった生徒を無理して入学可能な都立高校に入学させても、結局学校生活を続けることができず、結果的に中途退学してしまうケースが多い」という指摘もある。

　加えて、広域通信制高校関係者から聞いた話[22]でも「最近、広域通信制高校に入学してくる生徒がこれまでは、一度の全日制課程の高校に入学した後に、転学してくるというケースがほとんどであったが、いまは、中学卒業後ストレートに広域通信制高校を希望する生徒が増えてきました。明らかに進路選択のスタイルが変わってきています」ということであった。

　つまり、義務教育段階ですでに何らかの形で、学校というシステムに適応できなかった子どもたちが、通信制（特に広域通信制）課程の高校を選択するという動きも進んできているということである。このように高校教育制度は大きな転機を迎えている。

（4）現代における「二つの青年期」論を考える

　都教委が公表しているデータからも明らかなように、何らかの理由で、学校という制度から忌避しようという意図をもって行動している子どもたちが一定数、しかも少なくない数存在していることがわかった。

　これは、各自治体の教育関係者、とくに教育政策を講ずる教育行政の担当者は看過することはできない問題である。この背景には、さまざまな要因が考えられるが、一番の問題は、子どもたちの目線、言い換えれば、教育を受ける当事者の側の視点に立って、教育施策が構築されていないとこ

ろに大きな問題があると思う。つまり、現行の学校教育制度の枠組みを維持することを前提にして対応策を考えようとしているスタンス自体に問題があるのである。

例えば、2017（平成29）年に施行された「義務教育の段階における普通教育の機会の確保に関する法律」（以下、教育機会確保法という）を普及するために文部科学省が作成した広報資料をみると、学校外の学びの場の確保ということの選択肢の中に、公的機関における教育条件整備（教育支援センター、学びの多様化学校〔いわゆる不登校特例校〕、夜間中学）の外に、フリースクールが紹介されている。

もともとの教育機会確保法案の段階では、倉石一郎が指摘しているように立法化の発端が制度上の地位安定を求めるフリースクール関係者からの働きかけがあり、「多様な教育機会確保法」案として提案されたもので公教育システムの周縁部から、公教育総体のあり方が議論されたという評価がなされている（倉石 2018）（下線：引用者）。

しかし、この法律の制定過程で「多様な」という文言が法律の名称から外された中で、フリースクールの公的保障までは踏み込まなかったのである。

その是非論を述べることはここではしないが、私が言いたいことは、フリースクールの存在を教育行政が無視しえないほど、日本の公教育制度自体がそのあり方を抜本的に見直していくべき時期に達したのではないかということである。

一番大事にすべきは、教育を受ける権利を有し、学びの主体である子どもたちの目線に立った教育制度に転換を図ることであると考える。

私の立場（教育行政の中で社会教育主事として施策形成に長くかかわった経験を持つ者としてのスタンス）は、現行の学校教育制度を肯定するのではなく、その制度のどこに問題があり、どのように改革すべきかという視点に立って施策の在り様を抜本的に考え直そうというものである。高校進学率が98％を超え、高校への入学を希望するものすべてが高校教育という枠

組みの中に入ることができる社会状況の中でも新たな「二つの青年期」が存在していることを認識し、その上で社会教育行政の役割も視野に入れた教育制度改革案を打ち出していく必要がある。

　新たな「二つの青年期」論では、高校教育大衆化の時代状況の下で「高校教育に適応している者」と「高校教育に適応していない者」に分けて考えることは先に示した通りである（図表7参照）。教育を受ける主体・学びの主体は子どもたち自身であり、すべての子どもたちに公教育を保障するという立場から、不登校生徒や中途退学者等も視野に入れ、教育行政として「学びのセーフティネット」的機能を内包した教育制度を構築しようとするものである。これは倉石が指摘したように公教育システムの周縁部からのアプローチの一つとなるが、教育行政の中に位置付く社会教育行政だからこそ、できる役割があることを世に問いたいと考えるようになった。このような考えに基づき誕生したのが「自立支援チーム」であり、YSWなのである。

(5) 東京都の社会教育行政再構築の試みが意味するもの

　都教委の社会教育行政の再構築プロセス自体が、社会教育行政研究の枠組み見直しを求める契機となる多くの事実を提示してきたと考えている。

　行政部門がある施策を展開する場合、根拠法令とその施策を展開するための組織体制と予算の確保が必要となってくる。単なる理念や法原理の解釈論だけでは現実の行政活動は動かないのである。

　都教委の社会教育部門では、国により設定された（と多くの自治体関係者が勝手に解釈している）行政枠組みを踏襲するのではなく、国の法律改正の動きや政策動向を見据えつつも、都教委が抱える政策課題を踏まえた対応を行うことを目指した。その過程の中で、社会教育主事が施策形成のアリーナに登場することで、社会教育行政の柔軟性を如何なく発揮し、学校教育行政の手が届きにくいところに、新たな教育アプローチを仕掛けてきたのである。

自立支援チームを都教委の社会教育部門が施策化できた背景には、2001（平成13）年度から続く、社会教育行政の「学校教育支援機能」を社会教育主事自身が自覚化していくプロセスがあった。そのプロセスには約15年もの年月をかけることとなったが、その過程で、学校教育を担当する指導部や都立学校教育部の幹部職員たちから社会教育行政に一定以上の信頼感を引き出せたからこそ、学校教育行政の内部に入り込むことが可能となり、学校教育制度の枠組みを超えた形で自立支援チーム派遣事業を（社会教育施策として）具現化することができたのである。

(6) なぜ、社会教育行政がユースソーシャルワークを担うべきなのか

　乗杉嘉壽の主張にもあったように、社会教育行政はその成立当初から学校教育制度では対応できない、ないしは対応することが困難な子ども・若者を対象に「教育」活動を位置付け、実施されてきた歴史的経緯がある。

　私は社会教育行政成立の原点に立ち戻って、教育施策を考え直す必要があると考える。松丸修三らは、教育には二つの系譜があり、それは「作る」教育と「援助」としての教育であるという（松丸他 1994）。もちろん、私が支持するのは、「援助」としての教育の系譜である。この系譜では子どもの内にある発達の可能性を引き出すことを教育と呼んでいる。つまり、どんな困難な状況に置かれていても、その子ども・若者自身が自分の力で困難を克服する力をつけること、つまり自己形成する力の支援こそが求められているのである。そう考えるならば、ソーシャルワークの対象はスクール（学校）ではなく、子ども・若者（ユース）でなければならない。

　高校教育段階で支援を必要とする若者たちの場合は、高校卒業後就職し、社会に出ていくケースが圧倒的に多い。そのために就労支援や高校卒業後（もしくは離籍後）も一定の期間、若者たちの求め（潜在的な「求め」も含む）に応じて、支援していく仕組みをつくならければならないのである。

　学校という制度は、よくも悪くも一定の期間が経てば、そこから出ていかなくてはならない。それは、修学年限が制度的に決まっているからであ

る。しかし、当事者としての若者自身の成長・発達・自立のペースは個人によってさまざまである。つまり、学校教育という制度から離れても支援が必要な若者たちがいるというのは紛れもない事実である。その状況に対応する社会のサブシステムを構築することが急務である。

　その役割を一番発揮しやすい条件を有しているのが社会教育行政だと私は考えている。教育行政という枠組みの中で、学校教育と問題意識を共有して、子ども・若者への支援を行うことができる条件が他の行政分野に比べ、社会教育行政には備わっているのではないだろうか。児童福祉行政をはじめとした知事部局で子ども・若者支援に関わる職員は、おしなべて学校対応の拙さ、固さを指摘する。確かに、指摘されるような硬直性と排他性を学校教育制度は持っている（太田 2001）が、現行の行政の縦割り状況の下では、知事部局職員は批判はすれども学校制度に対する改革策を提案・実行できる立場にはない。しかし、社会教育行政には学校教育と他の行政組織・機関との間に入り、子ども・若者を中心に据えた連携・協働のためのコーディネーションを担うことが現実的に可能なポジションにいるのである。

　事実、自立支援チームを導入してから、都教委内部での指導行政との関係は劇的に改善された。指導行政の担当者（指導主事）たちが、ネガティブな情報も含めて、社会教育主事に相談に来てくれるようになったのである。

　困難な案件の解決に向けても、指導主事と社会教育主事は役割分担を行い、保護者への対応は指導主事が、生徒への対応は社会教育主事が行うなどの対応を進めていった。

　このような取組が行われていること自体が画期的なことである。指導行政との間に信頼関係を構築すること（指導主事たちが安心して、自分たちの困りごとを相談してくれるようになること）により、学校・生徒が抱える問題の解決に導いた事例は、私が関わった8年間の中でも相当数に上った。

　もちろん、その際、学校や指導行政が置かれている立場・状況を理解し、

共感的関係を構築することが第一である。指導行政との間で共感的関係を構築しながら、生徒一人ひとりの支援を可能にする行政・制度をつくることが求められているのではないか。一番そのことに近い位置にあるのが教育行政の一翼を担う社会教育行政の役割だと考える。

もう一度、乗杉嘉壽の指摘に戻り「我邦の様な教育といへば学校と考える単純なものではなく、是等の特殊児童（社会生活を送る上で困難な状況に置かれている児童・生徒を指す：引用者注）の教育は普通教育と一緒に教育家の仕事として取扱われ」る（乗杉 1923: 26-27）ことを考えていく必要があるのではないか。

■注
1　その後、2007（平成 19）年に地方教育行政の組織及び運営に関する法律（以下、地教行法という）が改正され、同法第 24 条の 2 第 1 項において、地方公共団体の長がスポーツ（学校体育を除く）と文化（文化財保護を除く）に関する事務を管理・執行できることとなった。加えて、2019（平成 31）年 4 月には文化財保護行政も地方公共団体の長の事務として位置付けることも可能になった。
2　文化行政の一元化策に伴い、教育庁で文化振興行政を担当していた文化課は廃止となり、その代わりに体育部にあったスポーツ振興課を社会教育所管部門に取り込み、2002（平成 14）年度に生涯学習部から生涯学習スポーツ部へと組織改正が行われた（結果的には、教育庁体育部が廃止となった）。
3　ここでは特別支援学校のことを言及できなかったが、当然に特別支援学校の幼稚部、小学部、中学部、高等部もこの中に含んでいることを申し添えておきたい。
4　例えば、東京都『子供・若者計画（第二次)』では国が定めた『子供・若者育成支援推進大綱』を勘案し、乳幼児期から青年期までを「青少年」（0 歳から 30 歳未満）としている。
5　例えば、日本教育法学会編『コンメンタール教育基本法』学陽書房、2021 年では、教育基本法第 13 条に対し「本条（教育基本法第 13 条）における家庭や地域の役割と責任の自覚を強調し、これを理由とする国家介入の正当化へとつながりうるとともに、連携協力を通じた国家による家庭・地域住民の動員の契機ともなりうる点に注意する必要がある。」（p.355）という国家の教育的介入に対する危険を指摘する声があることも同時に押さえておく必要がある。
6　2006 年 6 月 5 日　衆議院教育基本法に関する特別委員会質疑における小坂憲次文部科学大臣（当時）答弁を参照。
7　都立多摩社会教育会館は、2016（平成 28）年 12 月末をもって「貸館施設」としての

役割を終え、閉館となった。
8 このように考えた理由は、社会教育主事は、教育委員会事務局（東京都の場合は、教育庁）に配置される専門的教育職員として職制上の位置付けをもっているため、他の部局への配置は認められないという考え方が人事当局から示されていたからである。即ち、生涯学習部の廃止イコール社会教育主事の廃止へとつながりかねないと考えたからに他ならない（しかし、その後社会体育系の社会教育主事は、国体準備室の設置そしてその後の東京オリンピック運営のため、知事部局で仕事をすることになった。その際、教育庁と知事部局との併任発令があり、現在でも地域教育支援部管理課に在籍する形で、生活文化スポーツ局でスポーツ振興行政を担当している）。
9 私が入都したのは、1993（平成5）年のことである。当時の都政は鈴木俊一知事（任期：1979.4-1995.3）の終盤であったが、鈴木都知事が掲げた「マイタウン東京」構想の中核に生涯学習の推進が位置付いていたため、生涯学習部の施策・事業は安定的に実施されていた。
10 2000（平成12）年12月の『教育改革国民会議報告——教育を変える17の提案』を受け、2001（平成13）年7月には、学校教育法及び社会教育法の改正が行われた。その内容は、教育改革国民会議報告の「奉仕活動を全員が行うようにする」という提案を受ける形で、学校教育法第18条の2（現行法では、第31条）が新設されるとともに、社会教育法第3条第2項（現行法では、第3条第3項）が新設された。ポイントは、社会奉仕体験活動、自然体験を進めるために、学校教育と社会教育が連携することを条文に盛り込んだものである。
11 区市町村に対する東京都単独補助金事業の性格は、多くの場合、事業の立ち上げ支援的な位置付けで交付されている。地域教育サポートネット事業の場合は、本来は小中学校の総合的な学習の時間の支援は区市町村の事務であることが前提となっている。東京都としては、その施策の意義を重視し、一定の期間補助金（補助率は最高で1/2）を交付することにより、区市町村の施策がスムーズに展開させることができると考えている。そのため、補助期間というものを財政当局が設定している。
12 田中雅文委員（日本女子大学教授−当時）の発案によるものであった。
13 新事業創出促進法は、2005（平成17）年4月をもって廃止され、中小企業の新たな事業の促進に関する法律に統合された。
14 地域教育プラットフォーム構想は、2015（平成27）年12月の中教審答申で提起した地域学校協働本部のコンセプトそのものであり、国の動きよりも10年早く、第5期東京都生涯学習審議会答申で提案していることを付記しておきたい。
15 2007（平成17）年度に施策化した「地域教育プラットフォームモデル事業（事業名：地域教育連携推進事業）」は補助事業ではなく、委託事業として施策化された。その背景には、小泉純一郎内閣（当時）が2002（平成14）年6月に閣議決定した「三位一体の改革」（①国庫補助負担金の廃止・縮減、②税財源の移譲、③地方交付税の一体的な見直し）があったため、財政当局が補助金の導入を避けたことが要因であると考えられる。
16 2024（令和6）年2月の第12期東京都生涯学習審議会建議に基づいて施策化したもの

である。
17 　青年学級振興法は、「勤労青年の教育機会として、実際生活に必要な職業または家事に関する知識、技能を習得させるとともに、一般教養の向上を図ることを目的として、1954（昭和 28）年 8 月に公布、施行されたものである。文部大臣による法案制定理由としては、戦後学校教育制度が改革され勤労青年に対する教育制度が定時制や大学夜間部として設けられたが、進学できるのは一部の青年に限られそれでは不十分であるためとされた（矢口悦子「青年学級振興法」 社会教育・生涯学習辞典編集委員会編『社会教育・生涯学習辞典』朝倉書店 ,2012 年 ,p.353 を参照）。
18 　宮原誠一は「社会教育の本質」（宮原 1949）において、近代社会教育を民主主義とテクノロジーの発展を基礎に、近代学校制度に相対するものとして発展したと捉え、学校教育の「補足」「拡張」そして「学校教育以外の教育的要求」という 3 つの発達課題を示した。小川利夫（小川 1978）は、それに加え、学校教育の「代位」という考えを提起している。
19 　日本教職員組合、「働き方に関する意識調査」結果　2023 年 11 月 30 日
20 　朝日新聞デジタル版「教員の志望者、減少続く　過去最低の地域も「長時間労働を敬遠」2023 年 9 月 19 日
21 　都内の公立小学校における令和 2 年度の不登校児童数は、6,317 名であり、令和 5 年度には 13,275 名となっている。また、中学校における令和 2 年度の不登校生徒数は、11,371 名であり、令和 5 年度には 18,451 名となっている。
22 　2017 年に認定 NPO 育て上げネットの井村良英氏の紹介で立川市の学校説明会に参加していた関係者から聞いた。

第3章

都立学校「自立支援チーム」の政策形成過程を振りかえる

　第3章では、自立支援チームが施策化に至ったその政策形成過程を考察する。自立支援チームを社会教育施策として施策化できたのは、社会教育行政の専門的職員である社会教育主事が果たしてきた役割が大きい。

　ここでは、①『都立高校改革推進計画・第一次実施計画』策定までのプロセス（2011-2012年）、②都立高校中途退学者等追跡調査の実施（2012年）、③自立支援チーム施策化に至るプロセス（2013-2016年）に分けて、その政策形成過程を論じていくこととする。

　この作業を通じて、社会教育行政が都教委の都立高校改革にどのような役割を果たし得るのか、政策形成アクターとしての社会教育主事が果たしてきた役割についても論じていきたい。

1　「都立高校中途退学者等追跡調査」実施に至るプロセス

(1) 都立高校白書（平成23年度版）における「未卒業率」の公表

　自立支援チーム施策化の契機となったのは、2012（平成24）年度に実施された「都立高校中途退学者等追跡調査」（以下、中退者調査という）である。

　中退者調査を実施するに至る経緯としては、次期の都立高校改革推進計画を策定する前に行った『都立高校と生徒の未来を考えるために——都立高校白書（平成23年度版)』（以下、白書という）の作成作業があった。

　この白書は、「1997（平成9）年度に策定した『都立高校改革推進計画』が2011（平成23）年度で終了したことを踏まえ、計画を終えた後の都立高

図表8 「未卒業率」について

平成20年4月に全日制都立高校に入学した生徒の平成23年3月末の状況

	入学者A	卒業者B	中途退学者C	転出者D	留年者E	未卒業立C／A
全日制	40,066	36,424	2,212	1,317	113	5.5%
普通科	30,969	28,712	1,261	918	78	4.1%
専門学科	7,177	5,910	895	345	27	12.5%
総合学科	1,920	1,802	56	54	8	2.9%

※普通科、専門学科、総合学科は全日制の内訳である。　　ア

平成19年4月に定時制都立高校に入学した生徒の平成23年3月末の状況

	入学者A	卒業者B	中途退学者C	転出者D	留年者E	未卒業立C／A
定時制	4,387	2,284	1,705	178	220	38.9%

（出典）東京都教育委員会『都立高校と生徒の未来を考えるために――都立高校白書（平成23年度版）』p.3

校の現状を広く周知するとともに、学習指導要領の改訂など教育を取り巻く状況変化の中で、都立高校が抱えている課題を明らかにする」という目的で作成されたものである。

　この白書の冒頭で、「平成9年9月に策定した『都立高校改革推進計画』とこれに基づく二次にわたる実施計画と、その後の社会状況の変化や教育への都民の期待の高まりなどを踏まえ『都立高校改革推進計画・新たな実施計画』（平成14年10月）を策定し、一人ひとりの生徒の多様性に対応した弾力的な教育を実施」してきたとこれまでの都立高校改革の経緯を説明するとともに、チャレンジスクール等新しいタイプの高校の設置、学区の撤廃などにより学校選択幅の多様化と拡大を図ること、地域バランスを考慮した都立高校の規模と配置の適正化を行ってきたことを通じて、中途退学率の低下や都立高校入学者選抜の倍率回復など、一定の成果を上げてきたことを紹介している。

　注目すべきは、中途退学率ではなく「未卒業率」という新たな尺度を導入し、高校中退問題には多くの課題があることを都教委自ら指摘したことである（図表8参照）。

　「未卒業率」とは、ある年度に都立高校に入学した生徒を分母（入学者

A）とし、所定の修業年限（全日制課程3年、定時制課程4年）に、当該年度の入学者が何名中途退学したかを分子（中途退学者C）にして、算出したものである（C／A＝未卒業率）。

　この未卒業率という観点からみれば、全日制課程で5.5％（20人に1人）、定時制課程に至っては38.9％（4割弱）もの生徒が中学卒業後に進学した都立高校を中途退学していることとなり、高校中退問題は依然として看過できない問題だということを明らかにしたのである（図表8 アを参照）。

　加えて、重要なのは図表8における「転出者D」という項目である。これは当該年度に他の高校へ「転学」する者の数を指している。進学した高校を離れるという点からみれば、この転出者も広い意味では高校中退者と同様に捉えることもできる。この数字を加えると、都立高校の全日制課程に入学した生徒のうち、8.8％の者が進学した都立高校を卒業していないことになるのである。

　なぜ、行政が自分たちにとってマイナスにみえる情報を都民に示そうとしたのか。そこには、当時の教育長（以下、A教育長という）の強い意思があった。

　A教育長は教育長に着任するまでの都職員としての経歴の中で教育行政の経験はない。A教育長は、財務局主計部予算第三課長、産業労働局商工部長、総務局長、知事本局（現：政策企画局）長等、都政の枢要ポストを経て教育長に就任している。この経歴を見るとわかる通り、A教育長は教育行政とは異なる視点で都立高校の問題を考えていたように思う。その視点とは、雇用・労働政策の視点である。

　当時はフリーター・ニート対策に注目が集まり、「学校から職業への円滑な移行」が政策課題となっていた。若者が自立した社会人そして、善良なタックスペイヤーへと成長していってもらうためにも、若者たちが安定した職業に就くことをA教育長は希求していた。

　教育長レクの際にはいつも「最低でも高卒の資格がないと安定した職には就けない。遠回りしてでもいいから、都立高校に入学した生徒たち全員

に高校を卒業してもらいたい」という発言をしていたのである。

　教育行政のトップの意向が明確に示されれば、部下である私たち都教委職員は上司の命に従って職務を遂行しなければならない。しかしながら、行政が抱えているネガティブな情報をさらけ出し、高校教育に潜む問題構造を明らかにしようというA教育長の姿勢に、多くの教育庁幹部職員は戸惑いを隠せないでいた。

(2) 教育長からの「都立高校中退者調査」の打診

　都立高校白書で示した「未卒業率」は、翌2012（平成24）年2月に策定された『都立高校改革推進計画・第一次実施計画』の中にも盛り込まれることとなり、「中途退学の未然防止と中途退学者等に関する進路支援」という施策の柱が一つ立てられることとなったのである。

　この計画の〔目標Ⅱ　変化する社会の中で次代を担う人間の育成〕の「1. 職業的自立意識の醸成」の項目の中で、以下の表現が盛り込まれることなった（東京都教育委員会 2012: 28）。

　　ア　若者の「再チャレンジ」に向けた支援の推進

　　　これまで都教育委員会では、生徒が都立高校を中途退学するに至った経緯や背景、中途退学後はどのような状況の下で生活しているのかについての把握・分析を行ったことはありませんでした。

　　　そこで、中途退学者の現況等に関する調査を実施し、中途退学の原因や退学後の状況をきめ細かく把握・分析するとともに、専門的知識や経験を有する外部人材を活用し、中途退学者等の復学などの次の進路決定に向けたサポートをすることにより、若者の再チャレンジを支援します。

　　(2) 中途退学の未然防止と中途退学者等に対する進路支援

　　　これまで、弾力的な教育課程の編成や少人数指導等のきめ細かい学習

指導、スクールカウンセラーと連携した教育相談体制や生活指導の充実等に取り組んできた結果、都立高校における中途退学率は減少傾向にあります。今後も引き続きこのような取組を進め、中途退学未然防止を図ります。
　また、このような取組にも関わらず、依然として様々な理由で中途退学する生徒も存在しています。このように都立高校を中途退学した生徒や、進路が確定しないまま卒業した生徒が自らの進路を見いだせるよう、関係機関等と連携し、高校離籍後も一定の期間、進路支援を行います。

　都立高校改革推進計画の策定作業は、すでに2010（平成22）年度後半から始められており、2011（平成23）年の9月までに、次年度の予算要求案をまとめ、予算要求作業に入る必要があった。
　そのため、教育庁内部では、2009（平成21）年の春ごろから、本格的に都立高校改革推進計画の内容を確定させ、その内容に該当する部署が夏までに各々予算要求事項をまとめ、教育長にレクをする準備を進めなければならなかった。
　社会教育行政の学校教育支援機能を着実に定着させることに重きを置いて施策展開をしたいと考えていた私は、ネットワーク協議会を通じて培ってきた企業・NPO等との協力関係の下、都立高校改革計画にキャリア教育を支援するプログラム[1]を盛り込むことに力を注いでいた。そのような時、都立学校教育部都立高校改革推進担当の係長から私のところに一本の電話がかかってきた。その内容は「今度の高校改革計画の中で教育長が中退者本人を対象とした調査をやりたいといっている。しかし、指導部も都立学校教育部も教育長の提案に後向きな姿勢なので、生涯学習課で何とか対応することはできないだろうか」というものであった。この係長は、以前教育庁の予算担当として、社会教育費を担当しており、社会教育行政が学校支援機能を強化することに理解を示してくれていた職員の一人であった。

私はこの相談を受け、直ちに「うちの課でやらせてほしい」と答えたかった。しかし、当時の私は、高校中退に関する問題を扱うのは、都立高校を支える指導部か都立学校教育部の役割で、社会教育部門が口を出す領域ではないという認識が強かった。そのため即答はせず、「地域教育支援部長と一応相談してみる」と言って電話を切った。

　しかし、「この話は生涯学習課が都立高校と深く関われる千載一遇のチャンスだ。何とかして、生涯学習課として中退者調査を担いたい」という思いは募る一方だった。その理由は、自分が「家庭環境や生活環境に縛られずに子どもたち自身が思いを叶えられるようにするため、教育に関わる仕事がしたい」と思うようになった自分の中学時代の経験[2]が頭から離れなかったからである。そのことをきっかけに教育学を学ぶこと（教員になること）を志し、大学そして大学院の修士課程で社会教育学を学ぶことになり、その結果「教育福祉論」という分野と出会うことになる。

　教育福祉とは、「社会的に困難を抱えている人々が等しく教育を受けたり、学習活動に参加する上で克服すべき現実問題とそれへの取組を示すものである。と同時に、こうした問題の探究を通して学校教育・社会教育における教育権・学習権保障の人権保障にふさわしいあり方を問う概念でもある」（社会教育・生涯学習辞典編集委員会 2012: 107）とされる。日本では、1970年代に児童福祉の対象となる子どもたちの教育権の保障の問題として、社会教育学者の小川利夫らによって提起されたものである。

　私は大学院生当時、江戸川区福祉事務所のケースワーカーたちが始めた生活保護世帯児童への高校進学のための学習支援の取組（江戸川中三勉強会）を紹介した建石一郎著『福祉が人を生かすとき——落ちこぼれたちの勉強会』（あけび書房刊、1989年）を読み、ボランティアスタッフとして参加していた。結果的に、制度としての教育と福祉の間の「谷間」にある問題へどのようにアプローチしていくかが大学院修士課程における自分の研究テーマとなり、中三勉強会で出会った子どもとその家族に聞き取り調査を行い、その成果を修士論文にまとめていた。

その後、縁あって都教委に社会教育主事（補）として採用されることとなったが、自分の職業人としての問題意識のベースを形成してくれたテーマに職務として関われるチャンスが巡ってくるとは思わなかったので、このチャンスを絶対にモノにしたいという思いが強くあった。
　そこで、学校教育行政に抵触しない形で、都立高校中退者の学び直し（高校への再入学）支援を行う事業を社会教育事業として予算化するというスタンスで、A教育長の要請に応えるという案を練り、地域教育支援部長（以下、B部長という）に相談することとした。
　B部長からの返答は「教育長が依頼してくる事項に、どこの部署も応えないわけにはいかないよな。指導部も都立学校教育部からも何らかの動きが見えないのならば、その案（私が提案した案）で、一度教育長の反応を伺ってみるか」というものであった。
　そして、早速教育長レクに臨んだ。A教育長からは「まずは、中退者支援策を地域教育支援部が検討してくれたことに感謝する。でも私がお願いしているのは、事業ではなく、データなんだよ」と中退者本人を対象とした意識調査を行いたい旨が直接、私たちに伝えられることとなった。
　教育長レクを終え、地域教育支援部長室でB部長、生涯学習課長と私、そして生涯学習課の係長たちを交えて、振り返りを行った。その場で私は「教育長があそこまで自分の考えを述べられたのを聞いて、うちの課（生涯学習課）で中退者調査を実施したい気持ちが強くなった」と発言した。それを受け、B部長からは「指導部も都立学校教育部もみんな尻込みして動かないなら、教育庁のどこかの部署が実施しなければならないことだけは間違いないので、うちの部で引き受けるか」という回答を引き出すことができた。
　その後、A教育長に改めて都立高校中退者調査を地域教育支援部で行うという考えを示し、教育長の了承を得て、2012（平成24）年度に中退者調査を実施するための準備に取り掛かることとなった。時は、2011（平成23）年の10月を過ぎていた。

（3）都立高校中途退学者調査の企画・実施にとりかかる

　次年度の予算要求作業を進める際に私が考えなければいけなかったことは、都立高校改革推進計画に社会教育部門の施策を、中退者対策を含めて盛り込む作業を進めることに加え、どのように中退者調査を設計していくかということであった。

　A教育長からは、最初は「200人くらいでもいいから、調査をしてほしい」という話だったのだが、予算要求案をまとめる過程で「できれば、中退者全員に対する調査を行ってほしい」と内容がどんどん膨らんでいった。加えて、A教育長は、元財務局の予算担当課長の経験があったので、「予算要求の際には、中退者一人が減ることで、その子がきちんと高卒資格を取得し就職して社会に出て、税金を納めることと、中退をきっかけに不安定就労層になり、その結果生活保護等の社会サービスを受けた場合にかかる行政コストを計算して、いかに中退防止を図ることが重要かという視点に立った資料を作成してほしい」という要望まで伝えられた。どうやって資料を作成していくか悩んでいたときに、ある若者支援NPOの理事長の紹介で、中退者支援を行う法人の設立に動いている方と知り合いなった。その方がNECの「社会起業塾」で学んでいたときに、同じような指摘を講師から受け、その時に算出した資料を提供していただけるという偶然にも恵まれ、何とか教育長のオーダーにも応えることができ、予算の説明を乗り切った。

　さて次の課題は、実際にどのように中退者調査を進めていくかについてである。私や担当となる職員たちに社会調査を行った経験はない。それに加えて、今回アンケート調査を行う対象が都立高校を中退した人たちである。一般を対象としたアンケート調査と比べてハードルは高いに違いない。どのようにして、中退者調査を始めるかのイメージすらできていなかった。

　そこで、最初に取り組んだのは、類似調査を行った行政機関の手法に学ぶことと、調査研究協力者を探すことであった。類似調査については、2009（平成21）年の子ども・若者育成支援推進法公布の前後に内閣府が行

った中退者調査（内閣府 2008 年 3 月及び同 2010 年 8 月）や埼玉県教育委員会が行った「高校中途退学追跡調査結果報告書（平成 22 年度実施）」を参考にすることとし、調査研究協力者については、進路多様校及び進路多様校の卒業生の追跡調査に取り組んでいる教育社会学の専門家に依頼し、その専門家の下に教育社会学を専攻する若手研究者たちで調査研究委員会を編成[3]していただいた。

　こうして、中退者追跡調査を進める体制は整った。調査研究委員会を設置し、内閣府が 2010（平成 22）年 8 月に実施した調査票を参考にしながら、調査票のたたき台づくりが始まった。

　同時にアンケート調査を実施し、統計学的に有為な回答率を確保するか、その方法について、検討を進めた。まず、どのようにして調査対象者にアクセスするか、その方法から検討を始めた。2008 年 3 月に内閣府が行った中退者調査は緊急調査であったため、サンプル数が 168 票しかなかった。それに対し 2010 年に行われた内閣府の調査は、回答率が 44.4％（調査票発送数：2,651 名、回答者数：1,176 名）に上っている。なぜ、こんなにも多くの高校中退者にアクセスできたのだろうかと思ったが、調査方法に仕掛けがあることに気が付いた。生徒が中退した高校を通じて本人に事前に連絡を取り、調査への協力を確認したのち、調査票を発送するという方法を取ったため、高い回答率が得られたのである。この対象者抽出の方法では、中退者であっても中退した高校の教員が連絡を取ることが可能な者、言い換えれば、辞めた高校に対してあまり負の感情を抱いていない者のみが対象となってしまう可能性が高い。今回、都教委が目指す調査は、高校中退後の当事者の意識を把握することはもちろんだが、当事者たちが都立高校に在籍していた時点で、高校や教員たちにどのような感情を抱いていたかについて把握することが重要な要素だった。つまりは、高校側のバイアスができるだけかからない調査方法を選択する必要があったのである。

　そこで、最終的には、都立高校から 2010 年度と 2011 年度に中退した生徒の在籍時の住所に関する情報を提供してもらい、それを生涯学習課で集

約し、生涯学習課から直接、中退者本人に送付するという方法を取った。もちろん、東京都の個人情報保護条例に抵触しないことを確認したうえでの調査票を送付することとした。ただし、都立高校側が「どうしても住所を教えられない生徒がいる」と判断した場合は、校長の判断で情報提供をしなくてもよいことは伝えた。高校と生徒・保護者との間で中退に関する何らかのトラブルがあった場合への配慮は行った。

そうして集まった中退者の高校在籍時の住所に生涯学習課から調査票を送った。発送数は5,526通、宛て先不明等による不達数が674通、回答者数は988名、有効回答率は20.4％に上った。専門家の先生たちからは「回収率10％を目標にしましょう」と言われていたので、それを大幅に上回る回答者がいたことにひとまず安堵した。

次に、中退者調査を通じて見えてきたポイントについて検討してみたい。

2 「都立高校中途退学等追跡調査」の実施

(1) 調査結果のポイント

調査結果は、2013（平成25）年3月に『都立高校中途退学者等追跡調査報告書』（以下、報告書という）として公表された。

報告書の目的は、都立高校の中退者側の目線に立って、高校中退問題を把握することとともに、どのようにしたら、高校中退者たちにもう一度高校に入り直す機会を提供できるかということにあった。そこで、報告書では、高校中退後、何からの学習をしている者を「Ⅰ. 学習層（①学校層、②学習意欲層）」、学習活動はせず専ら働いている（アルバイトを含む。）者を「Ⅱ. 仕事層（③正社員層、④フリーター層）」、それ以外の者を「Ⅲ. その他層（⑤家事・育児層、⑥ニート層）」として分類した。それらの層の特徴がよく表れたデータを図表にまとめたものが図表9である。

簡単に各層の特徴を記すと以下のようになる。

図表10は、3つの区分と6つの類型により、差異が明確になった3つ

図表9　中途退学者の類型別内訳

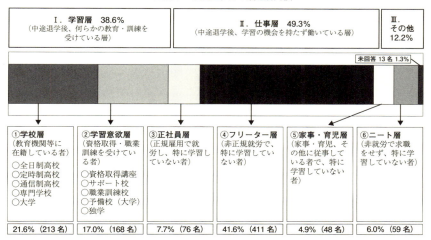

（出典）東京都教育委員会『都立高校中途退学者等追跡調査報告書』2013年3月 p.14 を一部修正

の質問（①中学時代の生活を「良かった」と回答した者の割合）、②中途退学理由、③中途退学後の若者支援機関の活用状況に絞って、特徴を整理したものである。

　まず、中学時代の生活を自分でどのように評価しているのか、について考察していきたい。「Ⅰ　学習層（①学校層、②学習意欲層）」は、おおむね自分の中学校生活について、肯定的な評価をしている者の割合が高いことがわかる。それに対して、「Ⅱ　仕事層（③正社員層、④フリーター層）」では、中学時代から成績が良いとはいえず、学ぶことへの忌避感をすでに抱いていたこと、「Ⅲ　その他層（⑤家事・育児層、⑥ニート層）」では、成績は良くなく、部活参加等にも消極的であることが見えてくる。「Ⅱ　仕事層」と「Ⅲ　その他層」では、中学時代から学校教育において何らかのつまずきが生じていたことがわかった。

　次に、中途退学理由についてであるが、この結果は指導部の幹部をはじめとして都教委関係者の当初予想とはかけ離れた結果が出た。当時の指導

第3章　都立学校「自立支援チーム」の政策形成過程を振りかえる　　81

図表10　都立高校中途退学者　属性別特徴

	Ⅰ　学習層 (381名)		Ⅱ　仕事層 (487名)		Ⅲ　その他層 (107名)	
	(1)学校層 21.6%（213名）	(2)学習意欲層 17.0%（168名）	(3)正社員層 7.7%（76名）	(4)フリーター層 41.6%（411名）	(5)家事・育児層 4.9%（40名）	(6)ニート層 6.0%（59名）
中学時代 (良かったと回答した者の割合)	出席状況 (62%) 成績 (約44%) 部活参加 (約55%)	出席状況 (約51%) 成績 (50%) 部活参加 (約51%)	出席状況 (約62%) 成績 (約30%) 部活参加 (約47%)	出席状況 (約56%) 成績 (27%) 部活参加 (約53%)	出席状況 (約54%) 成績 (25%) 部活参加 (約47%)	出席状況 (約31%) 成績 (約24%) 部活参加 (約19%)
中途退学理由 (回答率40%以上)	①遅刻や欠席が多い（約59%） ②通学が面倒（約55%） ③精神的不安定（約47%） ④友人とうまく関われなかった（約45%） ⑤自分のリズムと学校のリズムが合わなかった（約42%）	①遅刻や欠席が多い（約66%） ②精神的不安定（約52%） ③通学が面倒（約46%）	①通学が面倒（約65%） ②遅刻や欠席が多い（約63%） ③別にやりたいことがある（約49%） ④問題ある行動や非行をしてしまった（約45%） ⑤学校から校則違反を注意されていた（約43%）	①遅刻や欠席が多い（約69%） ②通学が面倒（約60%） ③自分のリズムと学校のリズムが合わなかった（約41%）	①遅刻や欠席が多い（約71%） ②通学が面倒（約60%）	①遅刻や欠席が多い（約58%） ②精神的不安定（約58%） ③通学が面倒（約53%） ④友人とうまく関われなかった（約47%）
若者支援機関の活用状況	①特に利用なし（約65%） ②退学した学校（約13%） ③病院や精神保健センター（約12%）	①特に利用なし（約55%） ②病院や精神保健センター（約16%） ③ハローワーク（約16%）	①特に利用なし（約72%） ②ハローワーク（約26%） ③職業訓練センター（約5%）	①特に利用なし（約71%） ②ハローワーク（約16%） ③病院や精神保健センター（約5%）	①特に利用なし（約69%） ②ハローワーク（約21%） ③病院や精神保健センター（約6%）	①特に利用なし（約66%） ②病院や精神保健センター（約20%） ③カウンセラーや相談機関（約12%）

（出典）東京都教育委員会『都立高校中途退学者等追跡調査報告書概要版』　2013年3月

部の幹部職員たちは、1950年代半ば〜1960年代半ば生まれであり、高校中退者のイメージを、「反学校文化」を持った存在であるという形で捉えていた感が強い。実際、主任指導主事たちから自身の教員時代の話を聞いても、高校のルールを守らない生徒たちに対し、どれだけ体を張って真剣に対峙（たいじ）したかというエピソードばかりが語られていた。これは個人的な推測の域を出ないが、主任指導主事たちは、中途退学者本人から中途退学理由を聞くという調査を都教委が行ったら、学校バッシングがさらに強化されてしまうことを懸念していたのだろうと思う。

　しかし、幸か不幸か、指導部幹部の予想とは全く異なる結果が出たのである。高校中退に至った理由は、「遅刻や欠席が多い」「通学が面倒」とい

う回答が各層の上位を占め、次いで「精神的不安定」「友人とうまく関われなかった」というメンタル面の理由が挙げられていたのである。

　特徴的なのはメンタル面の課題が「Ⅱ 仕事層」においては、上位を占めていないことである。この結果を見て調査結果の分析作業に関わってきた調査研究委員会のメンバーたちは、若者像の転換を迫られることとなった。調査結果の分析を始めた頃は、施策的には中退者に高校卒業の単位を取得させることを目指していたので、「Ⅰ 学習層」こそ、学び直しを希望している層が最も施策アプローチをしやすい層であると考えていた。しかし、この調査結果を踏まえ、改めて直して考えてみると、最も向社会的な存在は「Ⅱ 仕事層」に位置付く若者たちであり、「Ⅰ 学習層」に位置付く若者たちは、社会に出ることや大人になることを忌避するために、学校という制度の枠内に身を置こうと考えているのではないかという別の側面が見えてきたのである。

　最後に、高校中退後の若者支援機関の利用は、おしなべて低いことが分かった。これは、2010（平成22）年7月に内閣府『子ども・若者支援地域協議会運営方策に関する検討会議報告』が指摘しているように、中途退学者が多い高校においては、フリーターや若年無業者となる若者たちを守る「最後の砦」としての役割を発揮し、高校在学中から就労支援機関等の地域の社会資源との緊密な連携の必要性を裏付ける結果となった。

　この中退者調査を通じて、私たち教育行政関係者が調査開始前に抱いていていた高校中退者の従来のイメージ（例：高校中退者の多くは「反学校・反教員文化」を背景に持っているのではないか等）を払拭させ、高校中退者の新たな特徴を浮き彫りにさせた。その特徴とは、①高校中退問題の背景には、義務教育段階（特に中学校）での学習面でのつまずきがあること、②中退者たちには基本的な生活習慣が確立されていないこと、そして③精神保健的な課題を抱える生徒が相当数存在していることである。

　この調査結果に対し、都教委の幹部から様々な感想が述べられた。特に印象的だったのは、指導部の幹部職員たちの反応であった。A教育長の

指示だということもあり、中退者調査を行うこと自体には面と向かって反対しなかったものの、調査票の内容を作成する段階で何度か相談に行っても、協力的な対応はしてもらえなかった。しかし、調査報告結果が出た時に報告に行くと「今回、中退者調査を思い切ってやってよかった。貴重な調査結果が得られた」と喜んでくれたのである。

しかし、調査結果を見て、私が抱いた印象は指導部幹部のそれとは異なるものだった。私自身ももっと反学校・反教員という対抗文化を持っている者の割合が多いと予測していたが、それとは異なる結果が出たことに正直驚いたところまでは、指導部の幹部と同じ気持ちであった。ただ、もう一歩深く問題を考えてみると、この調査結果から、高校や教員の存在感を見てとれないことに気付いたのである。高校の中退理由の上位に学校のルールや教員の権力的態度に対する反発が上がってこないことを素直に喜んでいいものだろうかと思った。

中退者調査を通じて明らかになったことは、高校生世代の若者たちは、（大人たちが強い関心を抱いている）学校教育という制度そのものに関心をもっていないという深刻な問題を私たちに突き付けているということだった。

(2) 高校の多様化施策だけでは対応困難な生徒たちの存在

高校中退問題への対処として、教育行政がこれまで取ってきた方策は、高校教育制度を多様化することであった。都教委の取組を例に挙げると「新しいタイプの高校」として、①チャレンジスクール（小・中学校時代に不登校経験を持つ生徒や高校を中途退学した者等を主に受け入れる総合学科で三部制の高校）、②昼夜間定時制高校（生徒の多様な進路希望に対応した多様で弾力的な教育を行う単位制の高校）、③エンカレッジスクール（小・中学校で十分能力を発揮できなかった生徒のやる気を育て、頑張りを励まし、応援する学校として、社会生活を送る上で必要な基礎的・基本的学力を身に付けることを目的とするとともに、体験学習を重視する高校）といった高校を設置し、生徒たちの多様なニーズに応えるよう対応を図ってきた。

しかし、このような既存の学校教育制度を前提とした枠組みの範囲内で高校の多様化を図ろうとした施策は、功を奏したのであろうか。もちろん、これらの新しいタイプの学校に入学することにより、自分の進路を見つけだした生徒たちが多数いることは確かである。しかし、中退者調査の結果を見てもわかるように、子どもたち（生徒たち）の変容は、われわれ教育関係者の予想をはるかに凌駕（りょうが）する形で進んでおり、トータルに見た場合、次代を担う子ども・若者たちの育成に対し、これまで都教委が採ってきた施策では有効な解決策を十分打ち出せていないのではないか、という思いを強くした。

(3) 中退者調査専門家チームによるまとめ

　2013（平成25）年3月に行った都教委として中退者調査のまとめの作業を行いながら、調査チームでは高校中退の問題に関し、どのような知見を見いだせるのかについての議論を続けた。

　その到達点を示したのが、図表11である。調査研究チームでは、まず、中退者調査と同時に行われた進路未決定卒業者調査結果と中退者調査結果の違いはどこから生ずるのかについて議論した。その結果、中退者と進路未決定卒業者、加えて進路多様校（教育困難校）に在籍する生徒が抱える問題を別個の問題として捉えることはせずに、同一線上の問題として捉えるべきなのではないかという結論に達した。

　では、高校中退と進路未決定卒業とではなぜ異なる結果となるのか、その理由を、①学校群（学校のタイプ）、②高校内での対人関係、③教員の生活指導（生徒指導）の考え方に分け、これらの要素の組み合わせにより、ある生徒は高校中退となり、またある生徒は高校にとどまり、将来の進路は決められずとも卒業に至るケースが生じると考えた。

　図表11では、〔表出する現象〕を規定・制約する〔基底的問題〕を社会的・文化的・経済的など問題が複合化して生ずる様々な格差の問題を社会的背景と生活経験の特質（違い）として押さえることも重要という視点を

図表11　都立高校中途退学者問題を捉える構図

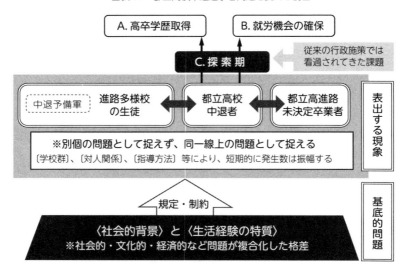

（調査研究委員会での議論を踏まえ、筆者作成）

提示した。

　そのうえで、都教委が講ずる施策のゴールを「A.高卒学歴の取得」と「B.就労機会の確保」に据える必要があるとした。そこで重要となってくるのが、「C.探索期」と調査研究チームが名付けた期間へのアプローチである。

　探索期というのは、中退者が高校を辞めた時点から、学習や就労といった向社会的行動に取り組むまでのインターバル期間のことを指す。一度高校を離れてしまうと、若者支援機関からのアプローチが当事者に届かないという問題がある。これをいかにして公的支援に繋げるかが、若者支援関係者共通の悩みであった。先ほど紹介した内閣府の報告書では、「高校が『最後の砦』としての役割を果たしてほしい」というメッセージが送られていたが、実際の行政の役割分担論の中では、教育行政は学校教育を離籍した者を対象とせず、労働や福祉行政は相談や支援窓口を設置しても、そ

の情報すら当事者には届いていないという状況が露呈したのである。
　高校を中退すると決めた生徒に対して、教員から「これからの君の将来について、一緒に考えてくれる人がいるので、紹介したいのだけど、その人に会ってみる気はありますか」と言われたとしても、その生徒が教員の話に耳を傾けようとしないことは、誰しも容易に理解できることであろう。それが若者支援NPOの関係者であっても学校側の人と思われた時点で、その生徒は関係構築を拒否するのである。しかし、高校を中退してから一定の期間が経過すると、同世代の様子をみながら、「もう一度やり直してみようかな」とか「きちんと働かないといけないかな」と自分自身で考えるようになる。そのタイミングに合わせて、何とかアプローチできるチャンスを何とかつくれないものだろうかということを思案していたとき、中退者調査のデータが私たちに一つのヒントを与えてくれた。それは、中退者本人が向社会的行動を取り始めるまでの平均値が、中途退学後5.6ヶ月であるというデータであった。
　都立高校改革推進計画では、「都立高校を中途退学した生徒や、進路が確定しないまま卒業した生徒が自らの進路を見いだせるよう、関係機関等と連携し、高校離籍後も一定の期間、進路支援を行います」と記していたものの、2013（平成25）年度から都教委が講じた施策の中には、この問題に対し、どのようにアプローチしていくか、その具体的方策を計画に盛り込むことはできないままとなってしまった。

3　自立支援チームの施策化に至るプロセス

(1) 中途退学の未然防止と中途退学者への進路支援事業の施策化
　中退者調査の結果から得られたデータをいかにして2013（平成25）年度予算に反映させるかが、都立高校の中退対策をメインとしてを担うこととなった生涯学習課に課せられた課題であった。
　しかし、中退者調査の結果を待ってからでは、次年度（2013年度）の予

算要求作業には時間的に対応できない。なぜなら、東京都の予算要求作業は、前年の7月後半からすでに始まり、遅くとも9月の中旬には具体的な予算要求の内容を確定し、財務局主計部に提出する必要があったからだ。つまり、私たちは中退者追跡調査を行いながら、同時並行で都教委としての中途退学対策事業の枠組みづくりに取り掛からなければならなかったのである。

当時の行政組織の事情（現在でも基本的なスタンスに変わりはない）では、新規施策に取り組むにあたって、新たに職員定数増のための要求を行うことは許される状況ではなかった。そこで私は、若者支援NPOへの事業委託という形で都立高校における中途退学対策施策の枠組みを展開しようと考えた。

ちょうど中途退学者等追跡調査を開始した2012（平成24）年7月に、その施策の推進者であったA教育長が退任し、新たな教育長にC氏（以下、C教育長という）が着任した。また、夏季の幹部職員の異動でB地域教育支援部長も教育庁総務部長へ異動することとなり、生涯学習課の中退者対策施策の展開も順調に進まないのではないかと考えていた。

C教育長は、いわば都教委生え抜きの幹部職員で、教育庁の予算担当課長、総務課長、政策担当部長、都立学校教育部長、総務部長そして、教育庁次長まで歴任しており、都の教育行政について、隅から隅まで熟知していると言われる方[4]であった。A教育長は、教育長に着任するまで教育行政の経験はなかったが、C教育長に交代することで、都立高校改革に関する方針も変わるに違いないと噂されていた。その中の一つに、中退者対策が入っており、「C教育長なら、中退者支援策は下火になるだろう」と多くの都教委幹部職員は予想していた。私は「せっかく中退者調査の実施にまで漕ぎつけたのに、実際の施策展開について、否定されてしまうのか」という不安でいっぱいだった。

しかし、着任当初の教育長レクの場において、それが杞憂だったことがわかったのである。私が恐る恐る中途退学者調査の結果を説明していると、

C教育長から「これまで、教育行政が看過していた問題、いわば都立高校の闇の部分によくぞ光を当ててくれた。これからも頑張ってほしい」という言葉をいただくことができ、胸をなでおろしたことを昨日のことのように覚えている。

　C教育長から積極的な後押しをいただけたことにより、2013（平成25）年度の予算要求作業は、当初の計画どおり進めることができた。しかし、実際に自分が考えた施策の内容が果たして実効性があるものとなるのか、正直自信があるわけでもなかった。

　知事や議会与党からのオーダーによる施策形成はトップダウン型であるため、予算要求作業は比較的スムーズに進むことが多い。反対に、今回の施策のように、自分たちの問題意識を施策にまで転化させようとするボトムアップ型の施策形成を行う際には、財政当局との折衝は困難を伴うことが多いというのが慣例であったからだ。

　そこで、『都立高校改革推進計画・第一次実施計画』で示したように、2013（平成25）年度から2015（平成27）年度までの3年間を中退対策のモデル事業として位置付け、中退の問題が顕著である都立高校（全日制普通科）を中心に区部5校、市部5校選定し、そこに若者支援NPOのスタッフを週に1回ずつ派遣するという事業を立案した。

　それを「中途退学の未然防止と在学中の進路決定支援事業」と名付け、8月から始まる2013（平成25）年度の予算要求作業に臨んだ。

　これは行政職員以外の方には、なかなか伝わらない内部の行政過程のことなのだが、新規施策の予算要求作業には相当の労力がかかる。C教育長からの後押しを受け、教育庁内の調整は大過なく進めることができた。しかし、予算要求の本当の勝負相手は、財務局主計部（以下、財政当局という）とのやり取りである。

　財政当局は東京都予算に関する「査定権」を持っている。そのため、事業局と財政当局の関係はイーブンなものではなく、財政当局からありとあらゆる形で突きつけられる質問や資料要求に対し、わずか1日か2日の間

に答えを返していくという、いわば専守防衛的な作業が9月下旬から遅ければ12月の中旬くらいまでの2ヶ月半もの間に何度も繰り返されていくのである。

　当時の私は、中途者調査の事務局の中心を担いつつ、『都立高校改革推進計画・第一次実施計画』に位置付けた企業やNPOの協力を受け、都立高校生のキャリア教育を支援する事業（事業名：都立高校生の社会的・職業的自立支援教育プログラム事業）を進める取組の実施と予算要求の作業を同時並行で進めていくという状況であった。

　財政当局からは、「都立高校を中退した者を対象とする施策をなぜ教育庁が担うのか（都立高校生としての身分を失ったのであれば、教育庁所管事業とはいえないと財政当局は考えるが）、その理由を説明せよ」とか、「国では、高校中退対策は厚生労働省（地域若者サポートステーション事業のこと：引用者注）が担っているようだが、その施策との違いを説明せよ」といった質問が矢継ぎ早に出され、それに対して1、2日の間に説明資料（A4横2枚程度）を作成し、要求する施策案が他の行政施策との重複がないことを証明する作業が求められた。それに加え、実際にその施策を実施したときに想定される事業効果についての説明も求められるのであった。

　財政当局からの攻撃をやっとの思いでくぐり抜け、予算の確保の目途がついたと思ったら、今度は1月末からは若者支援NPOへ事業を委託するための準備に取り掛かるとともに、事業を実施する都立高校の選定も進めなければならない。新規事業を企画する度に、このような試練が事業担当課には待っているのである。

　このような経緯を経て「中途退学未然防止と中途退学者への進路支援事業」は、東京都単独の委託事業として、2013（平成25）年度に予算化され、若者支援NPOに事業委託を行う形でスタートを切った。

　この事業は、結論から言うと、所期の目的を達成することができなかった。進路未決定者への進路支援については、若者支援NPOと校内組織である進路指導部との連携により、在学中での進路決定支援について、一定

の成果を上げることができた。その一方で、肝心の高校中退の未然防止の取組は全くといっていいほど、進展しなかったのである。

　私たちは、若者支援 NPO のスタッフとも頻繁に打ち合わせを行い、何とか中退の未然防止アプローチの方法論を確立したいと考え、都立高校の管理職へ働きかけを行ったものの、ほとんど効果を上げることができなかった。

　この事業は、『都立高校改革推進計画・第一次実施計画』に位置付けて（第一次実施計画の計画期間は 4 年間）実施してきた経緯もあるため、この事業枠組みで予算措置がなされるのは、2015（平成 27）年度までであった。そこで、2016（平成 28）年 2 月に行われる都立高校改革計画の次期実施計画に反映させることができるよう、事業スキームを根本から見直す作業に取り組み始めた。

(2) 都立学校「自立支援チーム」派遣事業の施策化に向けて

　中退者対応施策に関する事業スキームの見直し作業は、2014（平成 26）年の夏に取り掛かり始めた。2016（平成 28）年 2 月に行われる予定の都立高校改革推進計画の次期実施計画（計画期間：2016〔平成 28〕～ 2018〔平成 30〕年度）策定作業に盛り込むためには、遅くとも 2015〔平成 27〕年の夏までに、新たな事業スキームを打ち出さなければならないからだ。

　私たちは、なぜ中退未然防止施策が進まなかったのか、その理由の解明に取り組んだ。中退者調査の結果を改めて見ると、51.9% が 1 年次に高校を中退していることが分かった。中退未然防止対応には新入生の入学直後からの対応が不可欠であり、そこで連携すべき相手は、学級担任と学年団であることがはっきりした。

　学校外の社会資源をコーディネートする方法論については、社会教育主事として一定の知識と技術を蓄積していたが、学級担任と直接連携するという発想を有していなかった。生涯学習課が実施する社会教育事業における学校外の社会資源との調整に学級担任が関わることはほとんどないため、

学級担任の存在は生涯学習課にとって、学校組織の中でも最も遠い存在であったからである。

「どのようにしたら、1学年の学級担任と関わることができるのだろうか」と思案した結果、行き着いた考えは、「都教委職員の身分を持った職員を学校組織の中に直接送り込むしかない」というものであった。

これまでは、「NPO⇔生涯学習課（コーディネーター）⇔都立高校」という組織対組織の発想で事業スキームを考えてきたが、中退対策を本格的に行うためには、「都教委（生涯学習課）の職員⇔学級担任」というパーソナルなレベルで関係性を構築することが必要となったのである。

本来ならば、生涯学習課の正規職員である社会教育主事の定数を増やして対応したいところなのであるが、正規職員の定数増は人事当局（総務局人事部調査課）の姿勢からして不可能に近い。そこで、ニートやフリーター対応に実績のあるキャリアコンサルタント等の資格を有した者を生涯学習課の非常勤職員（現行制度では、会計年度任用職員）として雇用する方向で対応しようと考えた。

次に、考えなければならないのは、それをどのような規模（人員・体制）で都立高校の中退未然防止に取り組むかということであった。そこで、当面は進路多様校（教育困難校）として位置付けられている都立高校を30校程度の支援が可能な規模を非常勤職員として予算・定数要求しようと考えた。

この30校という数字は、先のモデル事業の規模が10校であり、モデル事業から本格事業実施に切り替え、都議会に対しても、「都教委は高校中退対応に本気で取り組もうとしているのだ」という意欲を見せる意味や、185校（当時）ある都立高校数の1/6をカバーする計画ならば、それなりの政策的インパクトを与えることができるだろうという試算から考えた数字である。

最後に新たに雇用する非常勤職員にどのような名称を付与したらよいかということについて考えた。SSWと名乗ることも当初は考えたが、当時の私たちの認識では、SSWとなると福祉対応がメインとしたものになる

（生涯学習課が目指すのは、高校中退の未然防止であり、進路未決定卒業者の解消であると考えていたためである）こと、そして、社会教育を担当する部署が"スクール"という冠をつけるのは、指導部や都立学校教育部の組織の矩を踰える対応になってしまうという危惧から、SSW という名称は使用しない方がよいという判断をした。

そこで注目したのが、内閣府が使い始めた「ユースアドバイザー（以下、YA という）」という名称である。2010（平成 22）年 4 月の子ども・若者育成支援推進法の施行を契機として、地域における若者支援ネットワークの構築を目指しており、その要としての役割を担う者を対象に、各地域での養成を求めたものである[5]。

このコンセプトを都立高校の中途退学対策にも活用しようと考え、6 名の YA と直接都立高校に赴いて学級担任等と連携しながら、中途退学の未然防止等を担う「進路指導支援員」を各々の YA の下に 4 名ずつ配置するという計画を立てた。

そして、2016（平成 28）年度の都立高校改革推進計画の次期実施計画の実施に合わせて、新たな枠組みの事業を展開しようと考え、2015（平成 27）年度には、事前に都立高校や東京都学校経営支援センターとの関係づくりを行い、次年度からの事業の本格実施に対応するため、3 名の YA を事前に採用したのである。

(3) 想定していなかったスクールソーシャルワーカーの都立高校への導入

2014（平成 26）年 2 月、猪瀬直樹都知事の辞任に伴い、都知事選挙が実施され、舛添要一都知事が新たに誕生した。このことが中退対策を推進していく決定的な追い風となった。舛添都知事は、2007（平成 19）年 8 月から 2009（平成 21）年 9 月にかけて、厚生労働大臣を経験していたこともあり、若者の雇用・就労対策にも力を入れようと考えていた。

その積極的姿勢は、2014（平成 26）年 11 月 28 日に行われた平成 26 年都議会第四定例会における知事所信表明に具体的に表れる。

〈雇用就労対策〉
　大都市東京では、フリーターを初めとする若者の就労問題、例えば高校を中退した若者が就職も復学もしないままフリーターになってしまう問題…（中略）…これらの課題に総合的に取り組むため、産業労働局、福祉保健局、教育委員会など都の関係部局が連携し、総力を挙げて対策を進めてまいります。国の機関であります東京労働局と協議する場も創設するなど、雇用就労対策には一層力を入れていきたいと思います。

側聞するところによれば、舛添都知事は、事務方が作成した所信表明の原稿に、自ら筆を入れ、高校中退対策に言及したとのことであった。「これは、自分たちが進める施策にとって、追い風になる」と喜んでいたところ、事態は思わぬ方向に展開していくこととなった。同年12月5日の第四定例会の代表質問で都議会の与党であった自民党（質問者：高木けい氏）から以下の質問が都教委に対して行われたのである。

〈学校教育について〉
　いじめ、不登校、児童虐待など学校だけでは解決困難な問題の背景には、家庭環境等が影響している場合もあるため、社会福祉の視点から学校の支援を行うスクールソーシャルワーカーの必要性が高まっています。
　都教育委員会は、これまで、区市町村立学校を支援するスクールソーシャルワーカーの配置の拡大を推進してきました。
　小中学校と同様に、高校や特別支援学校においても、福祉面からの支援を必要とする状況があることから、今後、都立学校でもスクールソーシャルワーカーを活用すべきと考えますが、見解を伺います。

この質問に対し、C教育長は、以下のような答弁を行った。

スクールソーシャルワーカーの活用についてでありますが、スクールソーシャルワーカーは、子供の健全な育成のために、福祉分野の専門性を生かして、関係機関との連携を図り、学校への支援を行う役割を担っております。既に配置をしております区市町村からは、児童相談所の職員とともに対応し、保護者の虐待傾向が解消された事例や、医療機関を含めた関係機関と連携し、子供の問題行動が改善された事例などが報告されており、都教育委員会は今後も、区市町村における配置の拡充を推進してまいります。
　また、<u>高校や特別支援学校におきましても、小中学校から継続をして福祉的な支援を必要とする状況が見られるため、都立学校間を巡回して支援を行うなど、スクールソーシャルワーカーの具体的な活用について早急に検討してまいります。</u>（下線：引用者）

　この都議会でのやり取りを受け、都教委は2015（平成27）年度から都立学校でのスクールソーシャルワーカー（以下、SSWという）の試行的導入に踏み切ることになる。SSWの事業の担当窓口は指導部指導企画課に置かれ、私たちが検討を進めてきた都立高校の中退未然防止策との事業整理が行われないまま、2015（平成27）年度を迎えることとなった。

（4）SSW試行事業と中途退学未然防止事業の一本化に向けた動き

　事業間の整理が行われずこのまま進んだとしても、2016（平成28）年度の予算要求作業の際に、SSW試行事業と中退者未然防止事業との異同が問われ、その結果、2つの取組をSSW事業に一本化する方向で検討するようにという指示が教育庁幹部から出されるか、それを凌（しの）げたとしても予算要求作業の過程で、財政当局から事業の統合が指摘され、結果的に生涯学習課が所管課から外されるのではないか、と私自身は危惧していた。なぜなら、都庁内に常識においては、都民の意見の代弁者とみなされる都議会与党の意思を最も重視しなければならないことが明白だか

らである。

　そのようなことを思いながらも、次年度の予算及び定数の措置がなされたことを受け、2015（平成27）年3月にYAの採用選考を実施し、4月1日には3名のYAが生涯学習課に配置されることとなった。

　このYAの役割を紹介する記事が2015（平成27）年5月12日の東京新聞（朝刊）に掲載されることとなり、この記事を見たD教育長（2015〔平成27〕年4月に着任、前財務局長）から生涯学習課長と私が呼ばれ、事情を説明することとなった。

　この時、D教育長から出された指示は、「事業施策化の経緯についてはよく理解したが、このままでは財政当局は双方の事業を認めるなんてことはありえない。2016（平成28）年度の予算要求作業が始まる7月までに、SSWとYAの一本化を図るように」という指示が下り、教育庁総務部教育政策担当部長を調整窓口として、指導部と地域教育支援部の間で施策の一本化について調整することとなった。

　指導部に対する都教委幹部の信頼や期待は絶大なものであり、このような状況に置かれてしまうと、私たちには勝ち目はないだろうと思いながらも何とか社会教育部門で事業を一本化できるよう作戦を立て、調整に臨んでいた。

　ここでは、詳しい調整の内容に触れることは避けるが、結果的には地域教育支援部に事業を一本化するという結論に達した。その結果をD教育長に報告し、無事に了承され、2016（平成28）年度の予算要求作業に臨めることとなった。これまでの指導部門と社会教育部門のやりとりの中で、社会教育部門に軍配が上がるなんて結果は、誰が予想できたであろうか。実際に社会教育部門に施策を一本化できたことは、教育行政の今後を考える上で画期となる出来事であった。

4　自立支援チームの枠組み構築

(1) 都立高校改革実施計画に自立支援チームを位置付ける

　2016（平成28）年度の予算要求にあたり、施策の企画・立案を担当者である私は、まず予算要求作業を円滑に進めるための戦略を立てた。
　第一に、2016（平成28）年2月を目途に策定される予定の『都立高校改革推進計画・新実施計画』の中に、都立学校へのSSW派遣事業と進路指導支援チーム派遣事業を一本化する施策をどのような形で盛り込むかということを検討した。その際、計画案を作成する都立学校教育部高校教育課都立高校改革担当との連携を密に行いながら、調整を進めようと考えた。
　第二に、2015（平成27）年5月に都教委が立ち上げた「不登校・中途退学対策検討委員会」の中で、この施策案をきちんと入れ込むことに努めた。この検討委員会は、2015（平成27）年3月末で退任したC教育長の指示により設置されたもので、C前教育長からは「高校段階から中途退学対策に取り組むのでは遅い。不登校の問題を含めて義務教育段階からの一貫した取組が必要だ」との意向を受けて設置された（事務局：教育庁総務部教育政策課）もので、検討委員会は、学識経験者を招くとともに、心理・福祉・労働・警察・区市町村教育委員会の関係者、公立学校長、さらには知事部局の青少年・治安対策本部（当時）、福祉保健局（当時）、産業労働局の担当部長たちがメンバーに加わった。この検討委員会を通じて出された提案が、今後の都教委の不登校・中途退学対策の基本的考え方となるため、この検討委員会に事務局一員として、参加できるように、教育政策課の担当課長に働きかけを行い、事務局メンバーの一員として、検討委員会に関与することが可能となった。
　第三に、第9期生涯審の議論の文脈の中に、都立高校改革推進計画・新実施計画における庁内調整の成果と不登校・中途対策検討委員会で検討された内容を、社会教育的観点からアレンジし盛り込むことに努めた。生涯

審は今回打ち出す施策案が社会教育事業としての位置付けを持っていることを専門家たちに審議を通じて吟味していただく重要な機関である。

　このように、これから打ち出していこうとする施策案が、都教委の主要施策として位置付けていく作業に注力した。

(2) 予算要求案をまとめ、教育長の判断を仰ぐ

　(1) に挙げた施策のフレームを盤石にする取組を庁内で進めていくと同時に、2016（平成28）年度以降の予算の計画をどのように作成し、財政当局に説明していくか、その施策枠組みづくりにも取り組んだ。

　舛添都知事が中退対策に並々ならぬ関心を持っていることは先述したが、平成26年都議会第四定例会終了から2ヶ月後の2015（平成27）年2月10日には、東京都と東京労働局（厚生労働省）が連携を強化し、協働して雇用対策を推進するため、「東京都雇用対策協定」を舛添都知事と塩崎（恭久）厚生労働大臣（当時）との間で調印、締結していた。同年4月には「平成27年度東京都雇用対策協定に基づく事業計画」が公表され、「都立高校中途退学者等に対する支援の強化」が盛り込まれることとなった。このように都知事サイドが高校中退対策に意欲を持っていることが具体的に形として公表されたことが次年度の予算要求作業には大きなプラス要因となる。都知事サイドからの施策のバックアップを受けられること自体、社会教育部門にとっては異例[6]のことであったが、これを予算化の追い風にしようと考えた。

　実際にどのように事業計画を立てたらよいか、そもそも都立高校と都立特別支援学校を合わせて、246校（平成27年度当時）もあり、それら全体を一気にカバーするための施策をつくることなど、当時（現在でも）の生涯学習課の職員数や職員の力量を考えても、とてもできることではない。

　生涯学習課として、どこまで対応可能か課長を含めて課内で慎重に検討を進め、次年度（2016〔平成28〕年度）東京都の主要事業として打ち出すために必要な最低限の纏いはどこまで必要かを自問自答した。結果的に私

たちが出した計画案は、①福祉系と就労系のスタッフの双方を生涯学習課の非常勤職員として要求する、②事業を切り盛りする生涯学習課職員のノウハウや経験値を高めるため、所・支所を含めて計６ヶ所ある東京都学校経営支援センターのうち、初年度は、東部センター（東部所・東部支所）管轄の都立学校のみを対象とし、翌年度以降に中部・西部センター管轄の都立学校に事業を拡大するというものであった。
　地域教育支援部長を含め部内で検討した結果をもって、2015（平成27）年７月の下旬、D教育長レクに臨んだ。教育長からまず指摘を受けたのは、「なぜ、直接非常勤職員を雇用するという道を選んだのか。非常勤職員といっても、職員数を増やすことは、時代状況に合わないのではないか。NPOに事業を委託するのが、現実的な策ではないか」ということであった。
　この質問に対して、私は「2013（平成25）年度から実施している「中途退学の未然防止と在学中の進路決定支援事業」で若者支援NPOへ事業委託を行ってきたが、中退の未然防止には効果が上がりませんでした。生涯学習課として、その原因を探ったところ、NPO関係者が学級担任に直接アプローチすることは、相当困難であると判断したため、都教委職員としての身分を有する者を非常勤職員として雇用し、都立学校に派遣するという形を考えました」と説明し、その件については、「わかった」という返答を教育長からいただくことはできた。
　しかし、その説明が終わるや否や、D教育長から「そんな計画で、あなたたちは舛添知事に説明できるのですか？」という質問が投げかけられた。現在の生涯学習課が持つ組織的力量では、教育長に提示した案の通り実施すること自体も相当無理がある提案をしたつもりだったのに、その案が教育長に一蹴されてしまったのである。
　D教育長はさらに「都立学校に通っている生徒には平等に機会を与えるべきで、次年度（事業を開始する平成28年度のこと）からすべての都立学校を対象とした施策案に検討し直してください」と続けた。「そんなのは無理だ！」と何度も口に出して言おうかと思ったが、D教育長は、舛添都知

事が平成26年都議会第四定例会の所信表明の内容を自らの意思で書き換えたことをおそらく間近で見聞きしているはずだ。知事の本気度を理解しているからこそ、すべての都立学校を対象にした施策を構築して欲しいと言われたのではないかと考え、私は「もう一度検討し直して、説明に上がります」と伝えた。D教育長から「大変な作業かと思うが、ぜひ前向き検討してほしい」旨のコメントをいただいた。

(3)「自立支援チーム」を施策化するための予算要求作業の開始

　教育長レクを終えて、職場に戻ってきた地域教育支援部長からは「本当に大変なことになってしまったな」と言われ、「でも、教育長の意思が明確に示されたのだから、教育長の意思に沿うように案を至急練り直してほしい」という指示が出された。

　「そんなこと言われたって、先ほど教育長に提案した内容が私たちの限界だ」と施策案を立案した私でさえ、このように思ったのだから、この施策案の作成に関わってきた職員たちは「梶野の奴、とんでもない分野に手を出してしまったな。私たちに、これからどれほどの業務量をかけるつもりなのだろう」と心の中で思ったに違いない。

　しかし、生涯学習課の他の職員たちに教育長の意向を踏まえた施策の代替案を打ち出すことは正直困難だと思った。なぜなら、これまでどの職員も経験したことのない、未知の枠組みで施策案を考えなければならないからだ。しかも、都立学校という特有の組織に有効に機能する施策案をすべての都立学校に対応できる策を考えなければならないのだから。しかも、代替案を示す教育長レクを行うまで、私たちに残された期間は、わずか1ヶ月ほどしかないのだ。そのような時にこそ、社会教育主事の専門性を発揮できるチャンスでもある。

　行政の組織・職員というものは、定められた行政手続きに則って業務を適切に行うことには長けているが、これまでに前例のない施策を考案し、しかもそれが実効性のある施策となるよう、施策のフレームを新た

につくることは正直得意ではない。しかし社会教育という分野は、明確な法的な根拠付けに乏しく、それ故に行政の中でもかなり自由裁量がきく分野[7]であるため、新たな施策枠組みを構築すること自体は、他の行政分野に比べて比較的容易にできる。その一方、財政当局や人事当局からはいつも「社会教育部署なんて本当に必要なのか」という疑問を突き付けられる部署である。「だからこそ、社会教育部門には、社会教育主事という教育的専門職員が必要なのだ」と考え、私はこれまでも職務に取り組んできた。そして、自分自身のこれまでの行政経験を生かして「社会教育＝学校教育外の成人を対象とした教育」という固定観念を崩し、「社会教育行政の学校教育支援機能」という考え方を打ち出し、その考え方を生涯審という場を活用して提言をもらい、行政の施策として位置付けてきたという自負もあった。

　今回の中退者未然防止とSSWの施策を一元化し、なおかつD教育長の求める施策を構築することについて、「ここまできたら、引き下がってたまるか」という気持ちの方が強かったように思う。

　これまでの行政経験から得た学びを踏まえ、自分自身の中でブレインストーミングを繰り返し行い、教育長からのオーダーに応えるための施策の案（しかも、それは実際に来年度から運用可能で、かつ予算要求にも組織定数要求〔人員要求〕にも耐えられる案）を考える作業に連日取り組んだ。その結果、辿り着いたのが、以下に示した施策案であった。

　　事業名：【都立学校「自立支援チーム」派遣事業】
　　事業内容：都立学校における不登校への対応
　　　　　　　中途退学の未然防止、在学中の進路決定支援
　　　　　　　高校中途退学者に対する求めに応じた支援
　　事業実施方法：
　　1. 就労支援を行える専門人材と福祉支援を行える専門人材を確保する
　　　（YA6名、ユースソーシャルワーカー48名、計54名を確保する）

2. すべての都立学校（特別支援学校を含む）を対象とするが、①中途退学や不登校の問題が顕著に表れる都立高校を「継続派遣校」とし、ユースソーシャルワーカーチームとして編成し、都立高校に派遣する、②それ以外の都立学校は「要請派遣校」とし、学校の要請に基づき、ユースソーシャルワーカーを派遣する。
3. 専門人材の資質向上のため、不断の研修機会を提供する。

　この案は、中退者調査から得られた知見を前提とし、都立高校に入学した生徒の社会的・職業的自立を支援するというスタンスを明確にしたものである。加えて、社会教育部門が実施するという施策であるという意味を付与したいと考えた。そこでキーワードとして生徒自身の「自己形成支援」という観点を入れ込んだ。具体的には進路支援を軸に置いた施策案、しかもインテンシブ（徹底的）な支援を必要とする生徒が多数在籍する都立高校に YSW を就労系と福祉系を「チーム」として編成し、派遣するという形に取りまとめた。このような仕組みを盛り込むことにより、文部科学省（以下、文科省という）が示してきた SSW の役割（例えば、「スクールソーシャルワーカー活用事業実施要領」）の枠を超えた施策を提示したいと考えた。

　もう少し踏み込んで説明すると、文科省の考える SSW 活用モデルは、義務教育段階の児童・生徒の支援を前提としているのではないか、と私は考えていた。義務教育段階の支援であれば、SSW が支援する児童・生徒の当面の進路の目標を上級学校（小学校ならば中学校、中学校ならば高等学校）への進学といった形で設定できる。しかし、高校生段階の支援となると、進路支援一つとっても、大学等高等教育機関への進学だけではなく、就職という選択もありうる。しかも、その進路決定に至る道筋には、生徒本人の希望だけではなく、保護者の意向、家庭の経済状況といった問題も複雑に絡んでくる。

　加えて、高校生世代は、成人への一歩手前の世代（正確に言えば、高校3

年生になれば、すべての生徒が成年年齢に達する）であるため、その後の進路選択をするに当たっても、いかに「自己決定」を尊重するかという課題も出てくる（福祉等の専門家が適切かつ適正であると出した答えが、生徒本人の希望と異なった場合は、本人の自己決定に委ねることを優先するということも想定しなければならない）。しかし、本人の自己決定が大事だからといって、生徒が発する言葉を鵜呑みにしていいという訳でもない。重要なのは、生徒自身が自分自身を取り巻く家庭状況や生活状況を理解・把握（アセスメント）した上で、自分自身で進路を決めていける環境をどのように創り出していくか、ということである。

そう考えた場合、高校生段階の支援に関わる者には、生徒理解を多面的に行う資質・能力が求められるとともに、保護者や教員たちの意見や希望を適度に調整しながら、生徒が自己決定できる環境づくりへの配慮ができる資質・能力も求められる。生徒自身の精神的成長度や性格等をアセスメントした上で、時には一人の大人として、生徒との間で「タテの関係」を築き、またある場合には、少し上の世代の先輩という立場から「ナナメの関係」を築きながら、生徒が自己形成するのを待つという視点が求められてくるのである。

そこで求められるのは、生徒たちの存在を「ユース」（youth）として捉える視点が必要なのではないか、と私はボンヤリ考えていた（施策を進めていく中で、その考えが「確信」に変わるときがくるのだが、そのことについては、第4章で言及したい）。

例えば、文科省は、教育相談等に関する調査研究協力者会議が2017（平成29年1月）1月に出した『児童生徒の教育相談の充実について～学校の教育力を高める組織的な教育相談体制づくり～（報告）』において、ガイドライン（試案）を示しているが、「各教育委員会において、本ガイドラインを参考に、各地域の実情を踏まえつつ、活動指針を策定することが望まれます。」と2023（令和5）年4月に同省初等中等教育局児童生徒課が出した資料[9]で述べている。

文科省が出しているのは、あくまで考え方の骨格である。地方自治体の職員が地域や学校の事情を考慮し、その自治体が抱えている課題解決のために、いかに国の施策に肉付けしていくか、その裁量の余地は十分に残されていることを自覚し、独自の施策を構築することという姿勢が重要なのである。文科省も本音では各自治体の創意工夫を期待しているのではないだろうか。

(4) 予算要求過程での財政当局のやり取り

　結論から先に言えば、都立学校「自立支援チーム」派遣事業は、私の企画案がそのまま採用され、満額回答の予算要求となった。このようなこと自体、事業を担当する部局の職員にとって、数十年に及ぶ行政経験の中で一度あるかないかの大きな出来事であった。

　財政当局は「査定権」という切り札を持っている。元足立区財政課長経験者であり、その後足立区教育長も務めた定野司は予算査定の視点として、以下の9点を挙げている（定野 2015: 116）。

①その事業はそもそも自治体の仕事なのかどうか
②予算編成方針、マニュフェスト、全体計画に沿ったものかどうか
③住民、議会からの要望かどうか
④既存の事業が活用できないか、また、既存事業との均衡、調整はとれているか
⑤職員の増加を伴うものではないか
⑥将来の財政負担はどうなるのか
⑦国、県補助金など、特定財源の見通しはどうか
⑧受益者負担は適正か、収益事業なら採算性はどうか
⑨執行方法に無理、無駄はないか、もっと効率的にできないか

　予算要求の作業過程の中で、都立学校「自立支援チーム」の予算要求の

内容は、定野が挙げた予算査定者の視点から見ると、④、⑤、⑥、⑨の点からのチェックが必要だという判断となり、財政当局もその点を突いてくるだろうと予想しながら対応を考えた。

　事実、予算要求を行った担当者としての私が考えても、非常勤職員とはいえ、一気に51名の職員を採用する（すでにYA3名は、2015〔平成27〕年度に採用済であった）ことに対する疑念、今後さらに非常勤職員が増えていくことへの懸念はあった。加えて、なぜ事業委託での実施を考えないのかについては、財政当局の側から指摘されるであろうことも予想していた。それらの指摘に対する回答も用意していた（その説明で財政当局を説得できる自信があったわけではないが）。ただし、今回の予算要求内容は、これまでの社会教育事業の要求とは異なり、舛添都知事の意向にかなったものであるし、またすべての都立学校を対象とするようD教育長からも指示が出ている。そのような背景もあり、私としても簡単に引き下がるわけにはいかなかった。

　財政当局も都知事やD教育長の意向を無視するわけにいかないので、事項（都立学校「自立支援チーム」派遣事業）自体は否定することはできないはずだと見込んでいた。その上で円滑な事業執行をしていくために、最低でも必要な予算だけはどうしても確保することが必要だというスタンスで、作戦を考え、教育庁総務部予算担当課の職員に、作戦の内容を伝えることにした。

　ここでは、具体的にどのような内容にしたかを述べることは割愛するが、行政の事業担当者の方々には「時には、こんな知恵も必要だ」ということを知ってもらうために、私が立てた作戦の概略を紹介したい。

　まず、今回の予算要求でどうしても確保したい経費はいくらかをあらかじめ算定しておく。その上で、「こんなことができたらいいな（予算措置がなされれば、ラッキーだ）。」と考えた項目（例えば、YSWへの超過勤務手当、YSWが都内を自由に動きまわることができるような潤沢な旅費の確保、YSW研修の費用、学会への参加当職場外研修の受講費等）を①から④の事項として切

り分け、それに優先順位をつけ、優先順位が低い方から財政当局に査定を促して欲しいと教育庁の予算担当職員に伝えるという手段を取ったのである。

今回のケースでは、予算担当職員も教育長の命を受けた仕事であるため、基本は「局（教育庁）の要求案どおりに予算を確保しなければならない」というスタンスで財政当局への説明に臨まなければならなかったため、このような駆け引きが成立しえたのである。そういう意味では、教育長の判断・姿勢の在り様も、重要な要素となる。

このような準備をしながら、私たちは財政当局の査定を待った。当時財政当局の査定は、「課長査定」「部長査定」「局長査定」そして、財政当局がまとめた予算案について、施策上かつ予算額上で重要と考えられる事業については、「知事査定」というものが待っている。私たちが予算要求した総額は約4億円と事業費としては高額の要求であり、都知事が解決したいと考える施策課題にもマッチしたものであるため、当然に「知事査定」にまでこの事業は進むものと考えていた。

実際に予算要求作業が始まると、息をつく暇がないほど、矢継ぎ早に財政当局から質問が担当者の私に浴びせられてきた。これは予想通りのことであった。財政当局からの質問は私が立案した施策案に対し、大いなる疑念と不満を持っていることが伝わってきた。私は青息吐息になりながらも何とかそれらの質問事項に対する打ち返しを行っていた。

そして、いよいよ財政当局の課長査定の日がやってきた。「いったいどれだけ予算が削減されるだろうか」を不安な気持ちを隠せずにいた。ところが私の予想に反して、財政当局からの回答は「この件は留保する」というものであった。

「留保するっていったいどういうことなのか」と予算要求作業に精通している大先輩の係長に聞いたところ、「それは、課長として判断をしないという意味だ」と教えてくれた。

そして予算要求から1〜2週間ほど遅れた時期に、人事当局からも査定

があった。こちらの方も単年度で51名もの非常勤職員と4名の正規職員（担当係長1名、主任・主事級3名）の増員という、ある意味常識を逸脱した要求事項を掲げたのであるから、人事当局が面白く思うはずもない。当然に人事当局にこちらの真剣さが伝わるように、当初の組織定数要求の段階から、A4版ヨコの用紙で計40枚に及ぶ説明資料を作成し、提出した。組織定数の要求は、事業担当課の「やる気」を資料という形にして表すのが効果的だと経験的に理解していたので、そのような対応をしたのである。

　人事当局の課長査定の結果も「留保する」というものであった。次の段階の財政当局及び人事当局の部長査定でも回答は「留保する」というものだった。

　「こんな方法があったのか！」と、官房系に所属する幹部職員たちの知恵には驚かされたものの、結果的に財政当局や人事当局がどのような形で「査定」してくるのか、その規模はどれくらいか、と戦々恐々たる気持ちが日々募っていった。

　そうやって迎えた12月の中旬のことである。局長査定が終わり、財政当局、人事当局から「要求通り満額認める」という回答が返ってきた。私はこれまでの予算・組織定数要求作業の経験から、査定は必ずされるものと思い込んでいたのであるが、それとは異なる結果が出たのである。つまるところ、財政当局や人事当局が舛添都知事の意向を忖度したからに他ならない。このように都知事が持つ権限の大きさを強く感じた瞬間でもあった。

(5) 自立支援チーム派遣事業の実施スキーム

　こちらの当初計画どおりに自立支援チームの予算・組織定数は認められることとなった。次に、予算・組織定数の査定結果を受け、私が2016（平成28）年度当初の事業スキームづくりをどのように進めていったのかについて、紹介したい。

　前にも述べたとおり、都立学校「自立支援チーム」派遣事業は、都立学

校における不登校・中途退学未然防止対策の充実を図るため、就労系と福祉系からなるYSW48名とYSWをマネジメントする職としてYA6名からなる「自立支援チーム」を構成することを基本とした。YSWをチームとして派遣する都立高校を継続派遣校として30校選定し、それ以外の都立学校（都立特別支援学校を含む）は要請派遣校として位置付けた。

　継続派遣校の指定は、都立学校教育部が指定することとなり、都立高校改革担当部長の意向を踏まえ、チャレンジスクール（5校）、エンカレッジスクール（5校）、昼夜間定時制高校（6校、通信制課程が併置されている3校は、通信制課程も対象とする）。計16校はすべて継続派遣校として指定し、それ以外の高校は、中退率等を考慮しつつ、選定することとなった。

　また、継続派遣校には、自立支援チームとの連携が効果的に進むよう、校内における情報共有役を担う「自立支援担当教員」を配置することとした（持ち時数軽減という形で措置された）。自立支援担当教員の指名に関する事務は、指導部高等学校教育指導課が担当することとなった。加えて養護教諭の負担増への代替措置も行われた。

　以上のことまでは、予算・組織定数要求の時点から計画していたことだった。それに加え、私たちの想定を超えるような人員措置がなされていたのである。具体的には6ヶ所ある東京都学校経営支援センター各所に、不登校・中途退学対策の窓口となる副校長クラスの職員として「自立支援担当統括学校経営支援主事」（以下、自立支援担当統括という）が配置（計6名）されることになったのだ。これは、都立学校教育部高校教育課の学校経営指導担当課長が独自に企図し、組織定数要求していた事項が認められたのである。東京都学校経営支援センターとのやり取りを経験したことがない私たち生涯学習課にとっては、この動きは福音となった。組織定数要求作業は、同じ教育庁内であっても、他部他課がどのような人員要求をしているのかがわからない仕組みになっているため、この時は、学校経営指導担当課長の配慮に感謝した。これは私の推測であるが、学校経営指導担当課長自身の思いに、東京都学校経営支援センターの機能を拡充したいと

いう考えがあり、自立支援チームの施策化を取組の状況を見ながら、その流れに合わせて学校経営支援センターの組織拡充を図ろうと考えたのだろう。

　こうして、自立支援チーム派遣事業は、YSW を担当する地域教育支援部生涯学習課を中心に、都立学校教育部高校教育課（学校経営指導担当）、指導部高等学校教育指導課の3つの部署が、三位一体となって、都立学校の不登校・中退対策に臨んでいく体制が整ったのである。

5　YSW を支える行政の仕組み──社会教育行政ならではの役割

（1）自立支援チームの政策形成過程を振り返る

　中教審における近年の答申や議論のまとめを読むと、「社会教育行政は『ネットワーク型行政』である」との説明が見られる。しかし、それを実態の行政レベルで具現化できている自治体は少ないのではないかと考えている。それが実現しない理由は、行政機構の中で社会教育部門がその役割を発揮できるほどのプレゼンス（存在感）をもっていないし、社会教育主事自体にそれを具現化できるだけのスキルが伴っていないからだと考えている。

　自立支援チームは、社会教育行政を中心に、行政の他部局との連携や区市町村、NPO 等の民間団体を含めたネットワークを形成し、施策展開を図らなければ、高校生たちへの個に応じた支援が可能とならない。そこで、以下に述べるような取組を展開してきた。

　YSW が都立高校で出会う高校生たちの多くは、「社会生活を送る上で困難を有する若者」（子ども・若者育成支援推進法第1条）であり、彼らの自己形成を支援するためには、都立高校の教員との連携を軸に据えながらも、支援対象の高校生が置かれている個々別々の状況を踏まえ、多様かつ重層的なアプローチが必要となる。つまり、教育だけでなく、福祉、保健、医療、矯正、更生保護、雇用、入国管理局その他の関連分野との有意な連携

が不可欠であり、それを実質的に担保するのを YSW が担うべきであると考え、その考えの下に施策形成を図ろうと考えたのである。

　SSW に関する書籍を読んでも、「関連機関との連携は SSW の役割である」と主張する本が多い。しかし、これだけ多様かつ複雑な課題を有する高校生世代の若者たちをアセスメントし、関係性を構築しながら、当事者自身が問題解決の主体となるための支援を SSW 個人の力量に負わせること自体に無理があると考えた。加えて、対人支援には相性というものが不可欠で、どんなに優秀で有能なワーカーだからといって、支援を必要とする高校生が関わりを拒否する場合も普通に考えられる。となると、これまで全国各地で展開されている SSW 活用事業のスキーム自体にも大いなる疑問が沸いてきた。

　多様かつ複雑な高校生世代の若者に対する適切なアセスメントを行うことは不可欠な作業であるが、それを一人の専門職が担うのではなく、個々の支援者の特性を生かし、チームとして一人ひとりの若者たちの支援に臨んでいける体制が不可欠だと考えるようになり、これから採用している YSW たちには「チーム」として動いてもらえる仕組みをつくる必要があると考えた。

　加えて、支援スタッフの名称に〝スクール〟とせず、〝ユース〟と命名した理由についても触れておきたい。

　先述したように、現在の文科省が推進する SSW 活用事業の仕組みは、義務教育段階での支援を前提としていると、私は考えている。義務教育段階の児童生徒への支援は、上級学校への進学ということを当面のゴールとして設定することが現実的である。しかし、高校生段階での支援となると、その次の進路は、進学なのか、就職（一般就労 or 福祉就労）なのか、それとも別の対応（例：医療を受けることに専念する）なのかということに加え、自分で納得する進路を決めること（自己決定）を重視しないといけない。都立高校で教員による進路指導を見てきたが、そこでは当事者である高校生自身が「自分が納得する」というプロセスを軽視しているように思う。

教員は「自分の人生なのだからしっかり自分で考えろ！」と伝える一方で、「もっと現実を見て考えろ！」とか「君にはこれはできない」とか、「君にはこれしかできない」などと言って自分の考えを押し付けようとしているケースが目立つ。保護者においても同様で本人の自己決定を尊重するという姿勢の者は少ない。高校生の口から「先生から言われたので、それでいい」とか「親はこれを望んでいるから」という言葉をよく耳にする。一度きりしかない自分の人生を大切に送ってほしいと自立支援チームのメンバーが願うのであれば、生徒自身の自己決定を「待つ」とか「引き出す」という姿勢を忘れてはいけないと強く思う。

　そんな中、「ナナメの関係」という言葉が頭をよぎった。教師や保護者からの声は「タテの関係」から発せられるもので、いわゆる正解主義である。しかも、その答えは教員自身の経験則から導き出されたケースが圧倒的に多い。しかし、今を生きている社会生活を送る上での困難を抱える高校生たちの成育環境と教員たちの多くが育ってきた成育環境とがあまりに違いすぎる。そんな前提条件の違う大人たちの声が高校生たちに届かないのは、ある意味当然のことである。

　いま、高校生世代をはじめとした若者たちに必要なのは、彼らの育ってきた成育環境や文化環境に共感的関係を築くことができる者の存在なのではないか、そのような存在は、今の高校生世代よりも少し上（大学生から30歳くらいの社会人）で、しかも現代社会においての成功モデルとはいえない若者の存在が必要なのではないかと考えるに至ったのである。そんなことを考えているうちに、たどり着いたのが「ユースワーク」という考え方だった。

　ユースワークの考え方に触れ、私はこれこそ社会教育部門が積極的に担うべき施策だと確信し、自立支援チームの制度設計に取り組んだ。ユースワークを核に、社会教育の発想を生かした取り組みを展開したいと考えた。

　では、ここでいう社会教育の発想とは何か。社会教育は、社会教育法第2条の定義を簡潔に述べれば、正規の学校の教育課程を除き、主に青少年

と成人に対して行われる組織的な教育活動を指す。これまでは、この条文をもとに、学校教育と社会教育は別のものであるという理解の下で、施策の入口の時点から、学校教育＝子ども、社会教育＝大人、という二分論を前提にその役割が規定されてきた感がある。しかし、社会教育の対象には（主に学齢児童生徒から30歳未満を指す）青少年が入っている。それとともに社会教育の特徴である「相互教育」の視点を生かした施策にしたいという思いを「ユース」という言葉に込めて、ユースソーシャルワーカーと名付けたのである。

6　政策決定モデルと行政職員の役割

(1) どのように施策は決定されるのか──政策決定モデル

　これまで本章でみたように、「自立支援チーム」やYSWという制度がつくられた背景には、政策上は雇用・就労対策という意味合いが強くあった。それに社会教育の考え方を加味し施策形成を図ろうと考え、都立高校進路指導支援チームという構想を当初私たちは用意し、それを行政の正統な手続きの下進めつつ、教育庁幹部の了解を得ながら、都教委の計画に入れ込むなど、準備を着実に進めてきた。

　ところが都立学校にSSWが配置されていないことを都議会（与党）から指摘されたことを受け、教育庁幹部は都立学校へのSSW配置を即決した。結果、2015（平成27）年度から指導部が試行的に都立学校にSSWを導入することとなり、生涯学習課は事業調整に追われることとなった。着々とかつ堅実に準備を進めてきた私にとって、このような横槍は、まさに「無理を通せば、道理引っ込む」という状況だった。

　しかし、このような事態は、行政の施策形成のプロセスにおいてはよくあることである。その理由は、多様なアクター（都知事、教育長、都議会議員等）のそれぞれの思惑が入り乱れていくなかで施策形成が図られるからだ。単にエビデンスを示すだけで施策化が進むという簡単な話ではないの

である。先にみたように、平成26年12月の都議会第四定例会の際に、都議会自民党から出された代表質問を受け、C教育長は、都立学校におけるSSWの配置を次年度から実施すると答弁した。その後、教育庁は財務局主計部に対し、緊急対応事案として、SSW事業の試行導入のための予算要求を急きょ行うこととなった。

　C教育長は、中退未然防止策と都立学校へのSSWの配置事業との関連をどのように捉えていたのだろうか。その点については確認できていない。ただ教育長の仕事は、分刻みで予定が組まれ、部下からの説明を聞き、それに即応して適切な回答を出さなければならないという非常に大変なものである。

　C教育長は、自身が退任する前に2015（平成27）年度「不登校・中途退学対策問題検討委員会」を設置するという方針を示している。その際に「高校中退から考えるのでは、時期が遅い。義務教育段階の対応も含めた総合的な対策が必要である」という意思を側近の幹部職員たちに伝えていたと聞いた。教育長の頭の中ではSSWと高校中退問題も同じ視野に入れ、抜本策を考えようとしたのではないかと上記に示した発言内容から窺い知ることができる。しかし、そのことと都議会答弁の内容は繋がっていなかったように思われる。

　このように、一つの政策決定にあたって、様々なアクターたちがそれぞれの思惑で考えを展開してくる中で、このようなケースが生じることは、ある意味仕方ないことである。そのために、教育長の判断が間違わないように次長、教育監、総務部長、政策担当部長、総務課長、政策担当課長、予算担当課長といった要職が教育長の側近として配置されているのである。

　政治学の分野において政策決定に至る意思決定モデルというものがある。その代表的な理論の一つに「ゴミ缶モデル（garbage can model）」というものがある。M.コーエン、J.マーチ、J.オルゼンが提唱した、目標や因果関係が不明確な「曖昧性」の下での意思決定を説明するモデルである（M.コーエン他 1999）。

ゴミ缶モデルによれば、組織の意思決定は、問題・解・参加者・選択機会の４つの流れが結びついて行われ、「曖昧性」の下において、これら４つの流れがかなり独立したものとされる。つまり、問題と解が連続的に決まるものではなく、パラレルに決まるとされているところに、このモデルの特徴がある。このモデルでは、選択機会がゴミ缶に、問題と解と参加者がゴミにたとえられ、意思決定の内容はゴミ缶に投げ込まれるゴミによって左右されるとされる。

　2015（平成27）４月にC教育長に代わり、財務局長から新教育長に就任したD教育長の指示により、SSW試行事業と中退未然防止事業の一本化の調整が行われることとなった。

　このような場合、地域教育支援部が降りて、指導部に一本化するというのが、これまでの都教委の一般常識だった。しかし、地域教育支援部としても２年前から準備を進めてきた上に、都立高校改革推進計画の実施計画に明確に位置付けられた施策であるがゆえに、安々と引き下がるわけにはいかない。そのため、他県の動向の把握等様々な方面から情報を収集し、分析し、私は、地域教育支援部の施策案の方が、指導部の案よりも実効性があると主張しつづけた。

　それでもこれまでの行政力学では指導部の方に軍配が下るはずなのだが、結果的にSSW的要素（福祉的支援）を地域教育支援部案に組み込むことで調整を終え、2015（平成27）年７月、D教育長に報告し、了承を得ることができた。

　なぜ地域教育支援部に施策を一本化することができたのか。いま振り返ってみると、SSW試行導入策は、都議会与党（自民党）の提案を受け入れるというある意味受け身の立場からスタートしたのに対し、都・生涯学習課が講じた中退未然防止策は、能動的に企画・立案を行ったからなのではないか、と考える。

　要は「やる気」「本気度」の差がこのような状況を生じさせたのであると考えている。

図表12 「ゴミ缶モデル」による施策決定

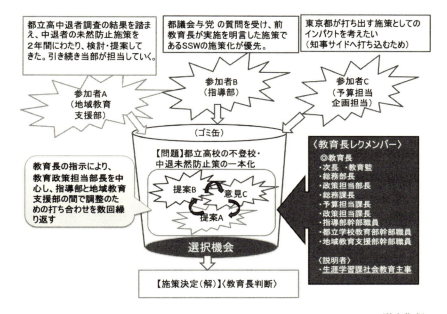

(筆者作成)

(2) 行政にいる職員にしかできないことがある

　本章で伝えたかったことは、「行政の中に身を置いている社会教育主事にしかできないことがある」ということである。図表13で、東京都の政策過程を紹介した。ここでいう②政策立案及び③の政策決定の過程は、基本的に行政の内部過程で行われるものであり、当該行政組織織外の者が関与することはできない。

　図表12で政策決定のゴミ缶モデルを示したが、一つ施策が企画され、立案されていく過程の中にも、様々な段階・局面があり、その結果自分が企画・立案した施策案どおりに事が進まないことの方が圧倒的に多い。

　近年、「現場で自分の得た経験や知識をもとに、何とかいい施策をつく

第3章　都立学校「自立支援チーム」の政策形成過程を振りかえる　　115

りたい」という思いで、NPO職員から行政に飛び込んでいく若者たちがいる。詳しくその方たちから話を聞いたことはないが、数年経つとそれらの若者たちがその行政から離れていく。それらの若者たちのSNS等でのつぶやきを読んでいると、何かすっきりした気持ちにはなれないのである。これは私の勝手な思い込みかもしれないが、行政の中に飛び込んでいった若者たちにとって、②政策立案、③政策決定のプロセスを経験していく中で、いかに自分の思いが通じず、「調整」という名の煩雑な手続きばかりを繰り返すだけで、事業の何たるかを理解しようとしない人たちによって、事業企画が否定されてしまう経験を行政組織の中でたくさん積んでしまったのではないかと想像してしまう。

　行政内部で起きている出来事は、複雑で面倒なことが多い。自立支援チームを施策化した際、約4億円もの予算措置がなされることとなった。私自身、社会教育振興費（いわゆる事業費）で、億単位の施策が叶うなんて、想像もしていなかった。おそらく、社会教育部署に身をおいている自治体の職員の方々なら4億円という数字が社会教育施策として成立していること自体が信じられない額だと思う。今回、自立支援チームの施策化が成功した最大の要因は、私が企画した施策案が首長（都知事）のスタンスに一致したことにあることは間違いない。

　一般に、都立高校改革のメニューの中に（学校教育支援施策としての）社会教育施策を入れ込む作業では、教育長が決定者となるケースが多い。そのため私は、どうしたら教育長を説得できるかを考え、行動してきた。その際にも、「どこの部の何課がどんなことに困っているか」「他の部が教育長レクを入れたとき、教育長がどのようなコメントを発していたか」など、都教委内部の情報収集を余念なく行った上で、他の課と共同歩調がとれるか、施策の重複はないか等に配慮しながら施策を提案することを心がけてきた。

　これが可能となったのは、都教委内の他部他課の職員（主に課長代理級以上の職員）との間に、「信頼のネットワーク」（いわゆる「人脈」）を形成

図表13　東京都の政策過程

制作フロー	①課題設定 → ②政策立案 → ③政策決定 → ④政策実施 → ⑤政策評価（feedbackが①および⑤から戻る）
主な内容	①課題設定：1 争点提起／2 目標設定／3 課題設定　②政策立案：1 複数案作成／2 最適案選択／3 政策原案作成　③政策決定：1 合意形成手続／2 長の決定／3 議会の決定　④政策実施：1 執行方法選択／2 執行手続・規則／3 進行管理　⑤政策評価：1 制度的評価／2 非制度的評価／3 修正・改善
担い手	①：1 政治全体＋メディア／2 都民＋政党＋都議会／3 ＋知事・職員機構　②：1 知事・職員機構／2 ＋／3 都議会　③：1 知事／2 ＋／3 都議会　④：1 知事・職員機構／2 ＋／3 民間受託者　⑤：1 政治全体＋メディア／2 都民＋政党＋都議会／3 ＋知事・職員機構

（出典）佐々木信夫（2011: 11）

することができていたからである。信頼のネットワーク（それはインフォーマル情報を含め）に基づき施策を立案し、それを上司（直属の課長や部長）説明していくのである。ひと口に幹部職員といっても、都教委内に長く身を置き、中枢部署を経験したことのある上司と、様々な事情により他局から異動してきた上司等、上司の行政経験も様々である。庁内に顔が利き、その実力を認められている上司ならば、まずは上司との信頼関係を構築した上で動き出すことを考えたし、庁内人脈をそれほど有していない上司の場合には、他部他課の情報をきちんと伝え、自分の発言に安心感を持ってもらってから行動に移すよう、心がけてきた。

　要は、政策形成のアクターの力関係を理解・掌握・分析（これもある意味アセスメント）したうえで行動を起こすことが重要なのである。自立支

援チームの施策化のように、知事マターの施策が社会教育施策とマッチすることはレアケースだと思われるが、知事の考えと自分の施策案がマッチしたときには、自分が想像していた以上の結果を生み出せるのである。そのような経験ができたのは、行政に身を置いてきたからこそのことである。

　私自身行政に長く身を置き、その経験知を蓄積してきたからこそ、実現できたと思うことがたくさんある。行政の仕事は、労が非常に多いわりに、（自分にとっての）益が少ない仕事である。しかし、自分一人の力では成しえない事業を施策化できる醍醐味というものもある。私は、そのことを知ったのは、行政に入って2年目のことであった。その時に出会った課長の問題解決能力の高さに圧倒され、その方の存在がその後の私の都庁職員としての大きなロールモデルとなった。いまでも何か行動を起こそうと考えたときは、その課長が私に教えてくれたことを思い出し、自問自答するクセがついている。「社会教育行政なんて、結局予算はつけてもらえないし、本当の末端部署ですね」という感想を漏らした時、課長から「それは違う。要はやる気、問題意識の在り方だ。社会教育は、規制的行政でないのだから、やる気があれば何でもできるんだ」と叱られたことがある。その教えを常に胸に抱きながら、都教委内で自分ができることを施策化してきたつもりである。

　話が少し脇道にそれてしまったので、話を元に戻したい。先ほど、紹介したやる気に満ちあふれたNPOの若手職員たちは、行政にとっては部外者であるため、庁内人脈を築くことが難しいのだと思う。庁内人脈は長い時間をかけて、そして些末だと思われる仕事にも協力を惜しまずに関わったこと（相手が困っているときに、助け舟を出せたかどうか）の積み重ねである。それは一朝一夕に形成されるものではない。

　2017（平成29）年度の東京都職員表彰（政策部門）で、自立支援チームが表彰されることになり、都知事から直接賞状と記念品を贈呈される機会に恵まれた。その夜に、D教育長をはじめ、教育庁次長、教育監、総務部長といった教育庁幹部がYSWを含めて、お祝いの会を開いてくれた。そ

の時の教育長が冒頭のあいさつで「この施策（自立支援チーム）の何がすばらしいかと言われれば、上からの指示ではなく、職員のみなさんがボトムアップで創り上げたことです」と話してくれたのである。私にとっては存外の喜びであった。「職員がボトムアップで創り上げた」という言葉が何よりもうれしかった。これは組織というものの中に身を置くすべての者に共通することだと思うが、いつも「組織のために働け！」と言われているものの、命令に従いその職務を遂行した結果自体を評価された経験があまりない。むしろ、自分が良かれと思って行動したことでも上司からは「余計なことはしてくれるな」と怪訝（けげん）な表情をして言われたことの方が圧倒的に多い。そんな中で自分の問題意識を施策化できた事業に対し、教育行政のトップが職員が創意工夫し提案した施策に対し賞賛のメッセージを伝えてくれるなんて滅多にないことだ。こういう話こそが職員たちをインスパイアし、主体的に仕事に取り組もう、明日からもっと頑張ろうという気持ちにさせてくれるのではないか。

　残念ながら、いまは多くの自治体で、首長のトップダウンにより施策が決まっていくというケースが見られるように感じている。これだけたくさんのステークホルダーがいる中で、一人の首長の考えに基づき行政が動くとしたら、それは非常に恐ろしい事態だと思う。

　社会教育行政の中に学校教育支援機能を盛り込むことに成功してからの私は、（行政職ではなく）社会教育主事という教育行政の専門的職員として都教委の中に身を置いていることが、かえってアドバンテージ（有利な状況）になっていることに気が付いた。社会教育主事が生涯学習課に在籍している（いわば定点にいる）ことにより、行政内部の他部署との連携、特に指導行政との連携も進んだし、産業労働局の職業能力開発センターや福祉保健局（現：福祉局）の児童自立支援施設等との連携、さらには、様々な区市町村とも連携を深めることができたのである（これは、ネットワーク型行政の一つのモデルを提示していると私自身は考えている）。

　自立支援チームの仕事に巡り合えたおかげで、（ここでは触れなかったが）

NPOや民生・児童委員や保護司をはじめとした地域社会の中で、丁寧に一人ひとりの子ども・若者に主体的に関わっている方々にもたくさん出会うことができた。その方々の日々の努力にもっと光があたる行政施策を構築できるよう、やる気のある行政職員を応援していきたいものである。

■注
1　2011（平成23）年1月に中央教育審議会は『今後の学校におけるキャリア教育・職業教育の在り方について』という答申を出しており、その政策動向を踏まえて、施策の立案に取り組んだ。
2　私が中学2年の秋、幼なじみの同級生のKさんと私の家でレコードのダビングをしながら、話していたとき、Kさんから突然「ぼくは、高校に行くのをやめることにした」という発言を聞いた。私よりも成績が良く、スポーツ万能で、誰からも好かれていたKさんがなぜ高校に行こうとしないのか、当時の私には理解できず「どうして？　一緒に高校に行こうよ」と何度も話しかけたものの、Kさんからは「ぼく、本当は勉強が嫌いなんだ」と答えるのみだった。当時の私は、Kさんが置かれている家庭環境が理解できなかった。Kさんの家はひとり親家庭で、身体に障がいを抱えた兄と母親方の祖母の4人暮らしだった。たまに、父親が彼の家に来て、父親の車に乗って、Kさんと一緒にドライブに何度も連れて行った関係でもあったので、父親は仕事の都合で同居していないものと思い込んでいた。また、私の母親からもKさんの家のことを聞かされていなかった。

　我が家の電話番号帳をみて、Kさんの名字とは違う名字が書かれていたので、自分の母親に聞いたところ、母親からは「お母さん方のおばあちゃんが電話の権利をもっているのよ」と説明を受け、納得している自分がいた。Kさんの家庭環境を理解したのは、私が大学に入ってからのことである。（すでに別のところに引っ越していた）Kさんの母親が私の家を訪ねてきて、Kさんの様子を話してくれたのである。Kさんが中学2年のとき、母親が経営していたスナックの状況が芳しくなく、Kさんは家計を支えるために高校進学を断念していたことがわかった。そのKさんが最近になって自分の母親に「やっぱり大学に行きたかったな」という話をしたのだという。「私が不甲斐なかったせいで、Kにつらい思いばかりさせてしまった。本当に申し訳なく思っている」と嗚咽しながら、うちの母親に話している姿をみて、私は「こんな不公平な話があってはならない」と痛切に感じた。中学時代にKさんの話を理解できなかった自分が恥ずかしかった。「何とかKさんのような境遇に置かれている子どもたちと関わり、自分が思い描いた進路選択ができるよう応援できる仕事をしたい」と強く思った。その時の気持ちはいまも変わらず、私の記憶の中に鮮明に残っている。
3　『都立高校中途退学者等追跡調査』に関わっていただいたメンバーは、古賀正義氏（中央大学教授）、山田哲也氏（一橋大学准教授）、牧野智和氏（早稲田大学非常勤講師）の

ほか、教育社会学を専攻する一橋大学大学大学院、早稲田大学大学院の院生にご協力いただいた（いずれも肩書は、当時）。
4　C教育長が教育庁次長当時の2005（平成17）年7月に、地域教育推進ネットワーク東京都協議会を立ち上げる旨のレクを行った際のことである。私は「社会教育法第2条には、社会教育の対象は青少年及び成人となっていること、2002（平成14）年6月に社会教育法と学校教育法が同時に改正され、社会教育と学校教育の連携の確保が求められるようになった背景を受け、この度、社会教育の方で学校教育支援を行う仕組みをつくります」と説明したところ、「社会教育は大人だけが対象だと思っていた。それは失礼しました」という発言をされた。
5　内閣府政策統括官（共生社会政策担当）付青少年支援担当『ユースアドバイザー養成プログラム　関係機関の連携による個別的・継続的な若者支援体制の確立に向けて』2008年3月を参照のこと。
6　予算要求作業において、社会教育振興費（いわゆる社会教育事業費）が知事査定の対象となるケースは極めてまれである。
7　文部科学省初等中等教育局児童生徒課『スクールカウンセラー等活用事業に関するQ&A（2023年4月）』
　　https://www.mext.go.jp/a_menu/shotou/seitoshidou/20230406-mxt_kouhou02-2.pdf（最終閲覧日：2025年1月7日）

第 4 章

ユースソーシャルワーカーを取り巻く現状と課題

　自立支援チーム派遣事業を施策化し、9年が経過した。YSW は都立学校関係者に歓迎して受け入れられ、毎年3,000名を超える高校生の支援に関わっており、取組は安定的に運営されている。

　しかし、私が当初の事業構想で描いていたものと比べると、現在の状況ではいくつかの齟齬が生じている。本章では、どのような齟齬が生じているのか、その原因は何か。そして、今後 YSW からなる自立支援チームの仕組みがさらに発展を遂げていく上での課題は何かについて論じていきたい。

1　SSW めぐる議論の問題点

　私はかねて、区市町村で取り組まれている SSW 活用事業の状況を見た上で、国が設定していた SSW 活用事業の枠組みに疑問を持っていた。その疑問とは、SSW が学校教育の機能として明確に位置付き、SSW が教員と対等の関係を構築し、専門職としての役割を発揮できる状況にあるのだろうか、というものであった。本節では、SSW の配置に向けた政策動向を把握し、そこで展開されている議論の問題点を指摘したい。

(1) SSW に注目が集まった経緯
　国レベルで SSW を制度的に位置付ける動きは、2008(平成20)年に文部科学省が「SSW 活用事業」を施策化したことに始まる。この動きが加

速化したのが、2014（平成26）年8月29日に閣議決定された「子供の貧困対策に関する大綱」である。この大綱では、貧困の連鎖を断ち切るためのプラットフォームとして学校を位置づけ、総合的な子どもの貧困対策を展開する方向性を打ち出した。さらに、2015（平成27）年12月の中教審答申（以下、「チーム学校」答申という）の中で、「チーム学校」を実現するための方策の一つとして、学校における標準的な職として、SCに加え、SSWを法令上明確にすることが打ち出された。

これらを受け、2017（平成29）年3月31日に「学校教育法施行規則の一部を改正する省令（平成29年文部科学省令第24号）」が公布され、学校教育法施行規則第65条の2にSCが、同規則第65条の3にSSWが位置付けけられた。このことにより、チーム学校の一員としてのSC、SSWの役割が明確化された。

SSWの役割が注目されるようになった背景には、いじめや不登校といった従来から指摘されてきた課題への対応に加え、発達障害や虐待、家庭の貧困問題といった福祉的な視点を必要とする課題への対応が学校教育に求められたことがある。

(2) 現行の「チーム学校」施策の枠内にSSWを位置付けることの問題点

「チーム学校」施策におけるSSWの役割はあくまでも校長や生徒指導担当教員のマネジメントの下、教員と連携してその専門性を発揮することとされている（中央教育審議会2015）。

校長のリーダーシップの発揮による学校マネジメントの強化という文脈の中でSSWを位置付けるということは、教育行政が将来取るべき選択肢の一つとして、十分考えうることである。ただし、それは学校制度が生徒個々の課題に応じて柔軟に対応できるシステムとして機能していることが前提であり、現在の硬直化している学校教育制度の下でSSWを位置付けるのには大きな疑問が残る。

なぜそのように考えるのかといえば、現在の教員たちが置かれている状

況とそこで形づくられる思考枠組みでは、複雑・多様化する生徒の問題に的確に対応をすることができないと考えるからである。学校現場では、生徒に関する問題が顕在化した後に、SSWの派遣を求める傾向があり、予防的介入は教員が、事後的介入はSSWが担えばよいという暗黙の了解がある。これを私は「教育－福祉二分論」と呼んでいる。

　文部科学省ではSSWの資格を社会福祉士又は精神保健福祉士有資格者や認定社会福祉士（児童・家庭分野）[1]に限定する方向で検討しているが、専門性を強化すれば事足りるという発想でこの考え方を進めれば、かえって「教育－福祉二分論」を強化してしまう恐れがある。いま、求められているのは、生徒の問題が顕在化する前に、生活環境・家庭環境の調整を含めた予防的アプローチ（未然防止アプローチ）を、教員・SSW・SCが専門性の領域を乗り越えて展開することだと考える。

　その意味では、2022（令和4）年12月の文部科学省『生徒指導提要（改訂版）』で、「課題予防的生徒指導」という分類を示し、さらにそれを「課題未然防止教育」と「課題早期発見対応」という区分を設けたことは注目に値する。しかし、その理念・考え方を現在の学校教員の一人ひとりが深く理解し、自分のものとして受け止め、学校教育に浸透していくには、相当の時間を要する。しかも子どもたちの変容は加速度的に進んでおり、教員たちの意識が変わるのを待とうなどという悠長なことは言っていられない状況がある。

2　ユースワークの視点を施策に盛り込む

　そこで、重要となるのがSSWをめぐる議論の中に「ユースワーク」の視点を盛り込むことである。

　ユースワークの視点とは、子ども・若者たちの中に、成長・発達の芽を見出し、それを伸ばすためのアプローチ、いわば生徒個々の自己形成への支援を指している。社会的に困難を抱える生徒たちであっても、つねに支

援を受ける対象としてのみ存在しているわけではなく、成長する主体でもあり、権利行使の主体でもある。そのことを中核に据えた支援が必要である。

　私がユースワークの視点を取り入れたようと考えた理由は、①生徒たち（特に、社会生活を送る上で困難を抱える生徒たち）にとって家庭は、もはや安心で安全な場ではなく、親（保護者）も信頼できる存在ではない。そのような生徒が多数都立高校に在籍していること、②社会学者の土井隆義が「親密圏における過剰な配慮」（土井 2004）と表現するように、生徒たちにとって親密な友人だからこそ、気を許すことができないという状況があること、③ほとんどすべての生徒たちにとって身近なところに「居場所」や「ナナメの関係」を築ける場をつくる必要があること、④学校外でかつ日常生活圏にそのような場をすぐに設けるのは難しいため、当面は「校内居場所カフェ」づくりを進める必要があること、⑤高校生段階は「学校から職業への移行」を考える上で重要な時期であり、多様かつ複雑な課題を抱えている高校生への支援は、決して高校卒業段階で終了するものではなく、その後も継続的な支援が必要であると考えたこと、の５点である。

(1) 「学校文化」の問題

　YSWを都立高校に派遣した当初、教員たちから「この生徒には、もう学校としてやれることはすべてやってきました。もう『教育』の力でできることはないので、ぜひ『福祉』の専門家の力をお借りしたいのです」という旨の話を幾度となく聞いてきた。多くの教員たちは、先述したように「教育－福祉二分論」の考え方を前提としている。

　そんな中で、多くはないが、「自分たち教員の役割はしっかり果たしていくので、YSWにも福祉的立場からの支援をお願いしたい」と一緒に取り組みを進めようという意思を示してくれる教員もいる。しかし、このような良心的な教員であってもその意識の中に「教育」の役割と「福祉」の役割は別ものであるという前提がある。

　教員たちは「教員が指導すべき対象」「only one の存在としてではなく、

one of them（クラスの中の一人）」「単位」「出欠時数」「教育課程」「評価」といった学校独自の枠組みから生徒を捉えようとしている。これは一般に「学校文化」と呼ばれるもので、教員個人の資質に帰する問題でなく、学校という制度そのものの中に組み込まれているものである。

（2）個の生徒にしか向かわない YSW の関心

　継続派遣校には基本、複数の YSW を配置するよう心がけてきた。なぜ、複数の YSW を派遣するのかといえば、①生徒が支援者を選べるという選択肢を与えること、②一人の YSW が担うのではなく、複数の YSW でアセスメントを行う体制をつくることで、生徒を多様な面から把握し、校内ケース会議の質を高めること、③学校内にユースワークを展開する素地をつくる（校内居場所カフェを設置できる可能性のある高校をリサーチする）、の3点の理由からである。また、経験の浅い YSW をベテランの YSW と組ませることで、OJT（on the job training：仕事につきながらの訓練）による人材育成を図るということも可能な限り考えてきた。この中で、私が特に重視していたのは、③の校内にユースワークを展開する足がかりをつくることであった。

　しかし、ユースワークを行うことの重要性が YSW に浸透していかないのだ。その背景には様々な要因が考えられる。まず、YSW を受け入れる側の都立高校側の課題がある。継続派遣校の多くは①週1回しか来校しない SC の補完的役割を YSW に期待し、基本的には個人面談を基本に業務が組まれているということや、②深刻な状況に陥った生徒への対応が優先的に依頼されるということがある。学校が SC の代替役としてしか YSW の役割を認識していない状況は施策導入時からの問題である。

　自立支援担当教員や東京都学校経営支援センターに配置される自立支援担当統括学校経営支援主事向けに、研究協議会の場を設けたり、研修機会を提供するなどして対応してきたが、なかなかその認識が改まっていかないのである。

しかしながら、私が一番の問題と感じるのは、YSWの側にも同様に「教育-福祉二分論」が存在していることである。YSWは自分たちの主たる役割を、ケースワークを行うことにおいている。

「私たちの役割はユースワークを行うことよりも、深刻な課題を抱えている生徒たちの環境調整を行うのが主たる役割で、むしろそれに割く時間が足りないくらいだ」という考えを持っている者が多かった。

こちらは、初任時研修や年間を通じて行われる研修、そして情報交換会等の機会を通じて、何度も話をしてきたつもりなのだが、なかなか私の考えは伝わらないままだった。

(3) ユースワークの有効性

図表14をご覧いただきたい。これは、自立支援チームの支援方針会議の中心メンバーである横井葉子氏（聖徳大学准教授）と土屋佳子氏（元日本社会事業大学客員准教授）の助言を受けて整理したもの[2]をもとに、私が修正を加えたものである。

この図の元になる資料はアメリカのレスポンス・トゥ・インターベンション（Responce to intervention）というアメリカのSSWにはよく知られた図である（馬場 2013:192）。横井氏によれば「この三角形の先端（～5%まで）は集中的な濃密な個別ケアを必要とする生徒へのアプローチであり、真ん中のところがターゲットを絞った集団への支援であり、一番下のところが、生徒全員に対するアプローチを表している」という。

YSWを学校に継続的に派遣するということの重要な意味は、図表14の一番下の部分に位置する生徒への様々な問題が噴出する前に未然防止アプローチを行うことなのではないかと私は当初から考えてきた。

その理由は実にシンプルなもので、問題の芽を早いうちに察知し、それへの対応策を教員とYSWが一緒に検討し、最も有効なアプローチを行うことこそ、自立支援チームが目指しているものだからだ。

事業開始当初から、校内ユースワークを行うことを認めてくれた都立

図表14　ケースワークからユースワークへ

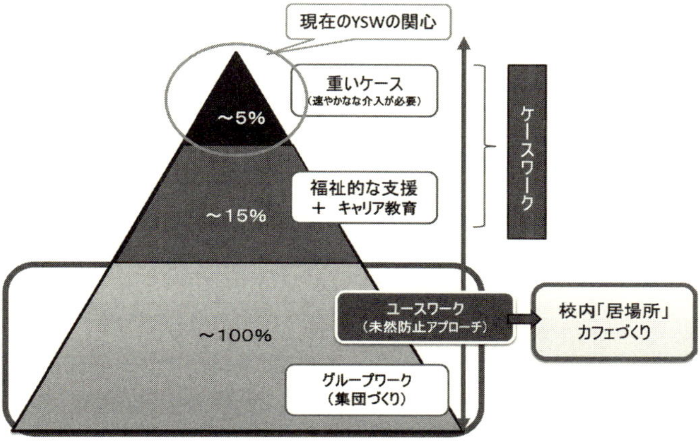

ピラミッド図:
- 頂点付近：現在のYSWの関心
- ～5% 重いケース（速やかな介入が必要）
- ～15% 福祉的な支援 ＋ キャリア教育
- 上記2層：ケースワーク
- ～100% ユースワーク（未然防止アプローチ）→ 校内「居場所」カフェづくり
- グループワーク（集団づくり）

（出典）「とうきょうの地域教育」No.134をもとに筆者作成

高校（全日制普通科）がある。その高校で行われるユースワークの内容は、YSWが昼休みや放課後に校内をまわり、そこで気になった生徒たちに話しかけるという取組であった。また、サッカー部やバレーボール部といった部活動にYSWが入り、生徒と一緒に汗を流した。

　そうやって、高校生の日常的な学校生活場面に関わり、YSWが教員とは異なるスタンス（いわゆる「ナナメの関係」）から生徒たちにフランクに関わるのである。校内ユースワークで重要なことは、生徒との間に良好な関係性を築くことである。友だち感覚で、気楽に何でも話せる関係づくりを進めつつそこから生徒たちのホンネを引き出していくのである。

　例えば、こんなエピソードがあった。YSWがバレーボール部の活動に参加していたときのことである。「あいつさ、部活来てないけど、最近元気がないんだよね。どうも家でトラブルがあったらしいよ」とある生徒が同じ部活動に所属する友人についてYSWに話しかけてきた。その生徒は、友人のことを心配し、YSWに何か話を聞いてやってくれないか、という

第４章　ユースソーシャルワーカーを取り巻く現状と課題　　129

メッセージを送ってくれたのである。YSW は、校内ユースワークの機会を通じ、心配な生徒が在籍するクラスのまわりを集中的に巡回し、その生徒の様子を観察するとともに、相談したいことがあるなら、いつでも話を聞くよという思いを持ちつつ、他愛もない話を、その生徒に投げかけてみたりする。そうやってしばらく時間が過ぎたときに、その生徒から YSW に話しかけてくるようになる。もちろん、その話の内容は自分が家のことで悩んでいるなんて話ではない。ここで重要なのは、悩みを抱えているであろう生徒自身が主体的に YSW に対し関係性をつくろうとアプローチしてきたということである。

　そうやって、YSW は生徒との間の距離感を縮めていくアプローチを続けながら、生徒が悩みを打ち明けてくるのを待つのである。いまの学校制度の中で、このような関わりを果たして教員が担うことができるのか。

　また、こんな話もある。都立八王子拓真高校のクローバー広場での出来事である。まったく学校に来なかった生徒が、クローバー広場が開かれる毎週木曜日に学校にやってきて、授業には出ず、クローバー広場で黙々と折り紙で鶴を折っていたという。それから数ヶ月後、その生徒はいつの間にか教室で授業を受け始めていたという。YSW はその生徒に対し、能動的なアプローチは一切行わず、その生徒の様子をただ見守っているだけであった。

　この話を聞いて、私は校内居場所カフェ的な場所が高校内に必要だと確信した。これこそが「場（空間）」の持つ力だと思った。クローバー広場にやってきたその生徒は、自分が本当に学校に行けるかどうか、授業を受けられるようになるのか、生徒自身で慎重に推し量っていたのだと思う。学校という場が自分にとっての安全基地であることを確認するために、クローバー広場を活用したのだろうと思った。

　先ほど、YSW は生徒の様子を「見守る」だけだったと記したが、逆にその生徒に対して、「久しぶりに学校に来たんだね。これまで学校に来ないときは何してたの？　早く授業に出られるといいね」などと積極的に話

しかけていたら、どうなっていただろうか。私が思うに、その生徒は、親切の押し売りという圧をかけられてしまった結果、また学校に来なくなってしまったのではないか。機が熟すのを信じて「待つ」という見守りの姿勢が必要なのだ。

　ほどなくクローバー広場という「場」が持つ意味の重要性が、何人かの教員たちに理解されるようになってきた。八王子拓真高校の一人の教員から、こんな話を聞いた。「クローバー広場ができたおかげで、逆にきちんと生徒に指導できるようになりました。私が多少きつい言葉を言っても、この生徒はきっと広場に行って、YSWや周りの仲間たちに受け止めてもらえるのだと思うと自分の役割（指導すること）をしっかり果たせるようになったのです」と。

　私が求めていたのは、このような教員からの声であった。教員は生徒にとって、権力者的な存在でもある。また、必要だと思うこと（あるいは、社会のルールに照らした正解）を生徒に伝えるのが役割である。この役割を担ってくれる人がいないと、社会規範ということを生徒が理解できない。

　久田邦明は「子どもが成長していくためには、二つの大人のタイプが必要である。一つは、親や教師タイプの大人。これは、正解を教える大人である。もう一つは、近所のおじさん、おばさんタイプの大人。これはことの善悪はさておき、世間で生きていくための知恵を教えてくれる大人である」（久田 2006: 3-4）と述べているが、まさにこのような世間知を教えて（伝えて）くれる大人の存在こそ、子ども・若者に必要なのだ。学校以外の生活時間のすべてがプログラム化されてしまう「学校化社会」（I. イリイチ）的状況の下で子どもたちは生きている。その子どもたちに一息つける空間を担保し、自己形成していくための時間を担保していく関わりづくりが重要なのではないだろうか。

　私が校内居場所カフェに求めているコンセプトは、まさにこのことなのである。自らが主体的に動き出すのを「待つ」という行為の重要性を再確認させてくれたエピソードである。

3　社会教育行政が自立支援チームの　　マネジメント業務を担う意味

　自立支援チーム遣事業の特徴は、どのようなタイプの YSW をいつ、どのような方法で、どの高校に派遣するかというイニシアチブを社会教育行政（生涯学習課）が持っているところにある。もちろん、都立高校側の要望を聞く機会を設けてはいる。しかし、その要望をどのように受け止め、どのような対応をしていくかを最終的に判断するのは、生涯学習課である。学校管理職の問題意識、自立支援担当教員の力量、校内で教育相談部に属する教員や養護教諭の生徒に関わる姿勢等を総合的に判断し、生涯学習課としての支援目標を設定したうえで YSW の派遣を決めていくのである。
　なぜ、そのような対応が必要なのかといえば、学校管理職や自立支援担当教員の異動等によって、高校側の対応が前年度とまったく変わってしまうという高校も少なくなく（特に、全日制普通科高校にその傾向が顕著に出てしまう）、高校側の受け入れ態勢によって、YSW の派遣の成否が決まってしまうからである。
　高校全入時代に入り、特別支援学校と高校の間のボーダレス化が進んでいる。そのため、教育困難校と呼ばれる高校には、生徒一人ひとりに適切なアセスメントを行うとともに「個に応じた支援」の仕組みづくりが不可欠なはずなのだが、この視点に立って学校運営がなされている都立高校は残念ながら現在のところ一握りである。
　生涯学習課の企画調整担当には、総括責任者としての主任社会教育主事[3]（課長級）の下、教員系管理職の統括指導主事、その下に自立支援チームの地区担当職員等がいる。60 名を超える YSW たち各々が持つ力量と特性を生かし、その力を発揮しやすいような支援を行うことが地区担当職員の役割である（中には、YSW に対し管理的な姿勢を前面に押し出し関わる職員もいたが、そういう時は YSW との関係づくりが上手くいかず、生徒支援について

も支障が出るケースも少なくない)。

　都立高校生の中途退学未然防止を行うとともに、その生徒たちの社会的・職業的自立を支援するのが自立支援チームのミッション (mission) であり、YSW が学校現場で教員たちとの協働を円滑に進めていける条件整備を行うことが大切である。YSW の身分はいまのところ会計年度任用職員であるため、東京都教育委員会の職員であるという意識付けを行いつつ、YSW が有する能力・特性を最大に発揮できるようにするためのバックアップを行うことが、担当職員に求められる役割である。

　私は、事業開始から令和5年度まで8年間、自立支援チームの運営を担ってきたが、生徒一人ひとりを大切に考え、学校運営を進めようとする管理職や心ある教員たちの取組を最大限に支援したいという思いで、継続派遣校における YSW の配置を決めてきた。

4　チーム学校が機能しない理由――変わらない教員の意識

　「チームとしての学校」(以下、チーム学校という) というコンセプトは、学校関係者の間でも頻繁に使用される用語となった。2015 (平成27) 年12月の中央教育審議会答申『チームとしての学校の在り方と今後の改善方策について』(以下、「チーム学校」答申という) では、チーム学校が求められる理由を「学校において子供が成長していく上で、教員に加えて、多様な価値観や経験を持った大人と接したり、議論したりすることで、より厚みのある経験を積むことができ、本当の意味での「生きる力」を定着させることにつながる」と説明している。

　チーム学校が求められる背景は、①新しい時代に求められる資質・能力を育む教育課程 (「社会に開かれた教育課程」のこと：引用者注) を実現するための体制整備と② (いじめ・不登校など生徒指導上の課題や特別支援教育のへの対応、貧困問題への対応など、学校に求められる役割の拡大等) 複雑化・多様化した課題を解決する体制整備を通じ、③子供と向き合う時間の確保等

の体制整備を図るためのものである。

　それに対して、チーム学校を実現するための具体的な改善方策として①専門性に基づくチーム体制の整備、②学校のマネジメント機能の強化、③教員一人ひとりが力を発揮できる環境の整備の3点を挙げている。

　この中で、自立支援チームとの関係でいえば、「教員以外の専門スタッフの参画」が指摘され、「チーム学校」答申では、「心理や福祉に関する専門スタッフの学校における位置付けを明確にし、配置充実につなげるため、スクールカウンセラーやスクールソーシャルワーカーを法令に位置付け」るとしている（図表15参照。）。

　これを受け、2017（平成29）年3月に学校教育法施行規則の一部改正が施行され、SCとSSWの法令の位置づけが明確化された（学校教育法施行規則第65条の2、第65条の3）。

　SCやSSWの法的位置付けが明確化されたものの、「チーム学校」答申や法令改正により実現を目指した理念の浸透は、少なくとも現在の都立高校の中には浸透・定着していないと私は考えている。

　その傾向がより顕著に見られるのは、全日制課程で学年制をとる学校群である。チャレンジスクールや昼夜間定時制高校といった新しいタイプの高校では、程度の差こそあるものの、生徒個々が抱える課題にアプローチしようという姿勢を見てとることができる。一方、全日制課程で学年制をとる高校のうちの多くは、教員主導の考え方で生徒への指導を行うことに躊躇しない。

　もちろん、そのような学校群でも個々の生徒に真摯に向き合う教員たちは少なからずいる。しかしそのような教員が異動により、学校を去った途端に学校の生徒への向き合い方が180度転換してしまう場合が少なくないのである。

　私の解釈では、それらの学校は「チーム」や「組織」として機能していないため、個々の教員の思いや考えのみで運営されている。その場合、校長ができることは、教員側の意向を受けた利害関係の調整だけで、学校組

図表 15 チームとしての学校のイメージ

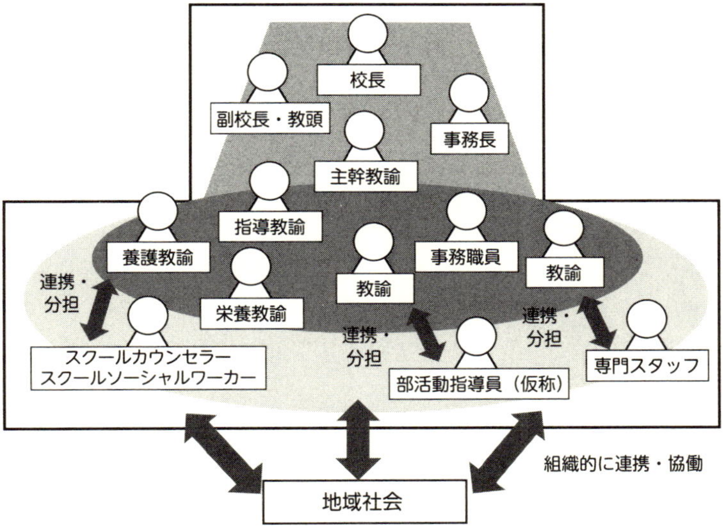

(出典)中央教育審議会「チーム学校」答申、2015 年 12 月

織としてのガバナンスは全くといっていいほど機能していない。

　そのような学校の教員の意識の中には、未だに「適格者主義」の考え方が根強く残っている。適格者主義とは、高校教育を受けるに足る適格者のみが高校進学を許されるという考え方である。それが提唱されたのは、1963(昭和38)年、いまから60年以上も前のことである。しかも、その当時の高校進学率は 60% を超えた程度の状況であったのに対し、現在の高校進学率は 98% を超えているのである。高校という制度を取り巻く社会状況は大きく変化しているのに、高校教員の意識は旧態依然としたものであり、その意識が「適格者主義」が叫ばれた頃を知らない若手の教員にも学校の組織文化を通じて浸透し、再生産されているのが現状である(梶野 2024: 217)。

　なぜ、こうも教員の意識が変わらないのか、私なりにその理由を考えてみた(梶野 2024: 219-220)。

第 4 章　ユースソーシャルワーカーを取り巻く現状と課題　　135

> （1）学校のガバナンスが効いていない。学校管理職が組織的に学校を運営できていない。
> - 学年団ごとに生徒指導の方針が異なり、安定的に生徒指導が行えない。
> - 担任が勝手に生徒と保護者との間で進路変更を決めてしまい、学校管理職が事後承諾を余儀なくされるケースが目立つ。
> - 単位認定にあたり、校長に与えられた権限を正当に行使できない。
>
> （2）多くの教員が社会性を十分に獲得できていない。
> - 生徒たちが抱える家庭・生活環境に対する理解に乏しく、なぜ生徒が「しんどい」状況に置かれているのか、理解できない（もしくは、生徒の家庭・生活環境など理解する必要がないと考えている）。
> - 教員が勝手に自分の役割を決めて行動している（例えば、他の教員との連携を考えず、自分に与えられた校務分掌のみを担当していればよいと考え、行動している。自分が好きな部活動の指導だけは一生懸命やる。家族の事情等の理由がないのに、担任を引き受けたがらない）。
>
> （3）旧態的な学校の組織文化の中で、教員の役割意識がネガティブに再生産されている。
> - やる気のない生徒たちは、学校に来なくてもよいと考えている。
> - 高校の単位すら修得できない生徒は、社会に出ても通用しないと考えている。
> - 生徒指導は、何かしらの懲罰を与えることを通じて、生徒に反省を促すことだという考えから脱却できていない。

　なかでも、一番の問題は、（3）の教員の役割意識がネガティブに再生産されていることだと、私は考えている。継続派遣校として指定されている全日制普通科高校は、すべての学校がいわゆる「教育困難校」と呼ばれる

学校群に属する。それらの学校は、ごく一部の高校を除いて、YSW の支援が十分に機能していないのである。その多くは、おしなべて教員の平均在職年数が「短い（3 年以下であるケースが圧倒的に多い）」のである。

　通常、新たな高校に着任した場合、2 年目から学級担任を持ち、その生徒たちが卒業するのを待って異動するとしても、最低 4 年はその高校に在職する。3 年以下の在職では、生徒にとって信頼でき、安心できる場としての高校が機能するわけがない。また、そのような高校に管理職として配置されたとしても、経験値が高い一部の校長以外の管理職は、お手上げ状態になってしまう。

　それらの高校に在籍する教員たちの多くには、「う・ち・の・子・（生徒の意）たちには、無理です」という言葉を発する人もいる。こういった教員は、生徒たちの何を見ているのだろうか。

5　本当に「うちの生徒には、無理」なのか？

　こんなことを偉そうに言っている私自身も以前はこれらの教員たちと同じ考えを抱いていた。2008（平成 20）年から 10 年間、ある経済教育団体からご縁をいただき、夏季休業期間中に都立高校生 100 名をメガバンクの関係企業で「ジョブ・シャドウイング」を実施させていただいたことがある。話はその初年度のことに遡る。

　経済教育団体の専務理事からの提案を受け、「これは高校生にとって、いい社会経験になる」と思い、二つ返事で引き受けた。実際に夏季休業期間中に高校生が 100 名応募してくれるのか、不安があった。ところが私の心配に反して、100 名をはるかに超える高校生が応募してくれたのだ。しかし、参加希望者のリストに載っている高校の名前を見て、私は「これは大変なことになってしまった」と不安になった。参加希望者の半分以上が教育困難校の生徒だったからである。

　世界に名だたる大企業の本社のオフィスに、教育困難校の生徒たちが多

数訪問してジョブ・シャドウイングする光景なんて、まったく想像できなかった。女子生徒は、茶色や金髪の染めた髪、化粧やピアス、短すぎるスカート。男子生徒は、ずれパン、個性的というか整っていない髪型……。

「本当に、生徒たちは当日約束の時間に会場に来てくれるのだろうか」と不安になった私は、急きょ、事前研修会を企画し、高校生たちの本気度を測ろうと考えた。

そうして迎えた研修会当日、受付に並ぶ生徒たちは、予想どおりの出で立ちでやってきた。とても、企業のオフィスで体験する姿ではないのである。しかし、生徒たちの振る舞いを観察していると、何かが違うことには気づいた。しかも、遅刻せずに指定した時間の前に会場にやってきているではないか。結果的に事前研修に無断欠席した生徒は一人だけだった。

「ジョブ・シャドウイングの趣旨説明」「経済教育ゲーム」に取り組んだあと、最後の時間がやってきた。当日の服装についてのお願いだ。事業の担当者であった私は、どうしたら高校生たちに、企業の方々が受け入れることができるドレスコードを守ってもらえるのか、考えに考えた。そこで、若手社員の方に研修会に出向いていただき、会社とはどういうところで、何のためにドレスコードがあるのかについて、高校生に語りかけてもらうことにしようと考えたのだ。

毎日のように、高校の先生たちから服装指導を受け、それでも言うことを聞かない生徒たちに対し、「禁止」「規則」という言葉を遣ってしまっては、本来、本人の主体性を一番大事にする社会教育事業（ジョブ・シャドウイング）として実施する意味がないと考えたからである。高校生たちはおとなしく若手社員の話を聞いていた。

しかし、私の心配は払拭できなかった。生徒たちが茶髪や金髪で、ピアスを付けたまま、あるいは、ずれパンのまま当日会場に来たら、私は企業の方や経済教育団体の方にどのように謝ろうかということばかり考えていた。

ところが、である。私の心配をよそに、生徒たちのほとんどは、午前8

時15分というかなり早い集合時間にも関わらず、丸の内の本社前に集まってきた。遅刻しそうな者、急に体調を崩しやむなく欠席をした者たちも、集合時間前に、自分で職員の携帯に連絡をくれていた。そして、なんと服装や髪型もきちんとドレスコードを守ってくれているではないか！！

　高校生たちはジョブ・シャドウイング中も至ってまじめに参加していた。ただ、社員の方たちとの昼食を終え、全員が本社の講堂に戻ってきた後の午後のプログラム（若手社員の座談会）では、寝ている生徒がたくさんいた。経済教育団体の専務理事は「けしからん！」と高校生に怒りをあらわにしていた。しかし、私は、初めて大人社会の中に飛び込み、真剣に仕事に取り組む社員たちの中で、圧倒されまくり、いままで経験したことのないような緊張感に包まれて、疲れてしまったんだろうな、と受け止めた。そして、寝ている生徒たちの姿を見て、私は「あなたたちのことを、心のどこかで信用していませんでした。よくここまで頑張ってくれました。本当に申し訳ありませんでした」と心の中でおわびした。

　この経験を経て、私なりに理解したことは、いまどきの高校生たちだって「自分の意思で『やろう！』と決めたことには、キチンと責任を果たせるのだ」ということであった。事実、その後10年続いたジョブ・シャドウイングでも自らの意思で参加した生徒たちは、信頼のおける生徒たちであった。学校のレベルが高いか、低いかなんてまったく関係がなかったのである。

　その一方で、「高校の先生に行け！と言われたから参加しました」という生徒たちの中には、社員の方々に失礼な態度をとる者も少なからずいたことも紹介しておきたい。

　それ以来、私は「自主性」「主体性」というものが、生徒たちにとっていかに大事なものかを痛感した。大学に入り、教育学を学び、教育行政に身を置き、学校教員の関わり方に疑問を抱き続けていた私自身が、生徒たちに対し心の底では全幅の信頼を持っていなかったことを恥じた。

　一人の人間として、生徒たちに自分の本当の想いを伝えようとすれば、

第4章　ユースソーシャルワーカーを取り巻く現状と課題

きちんと応えてくれるのだという確信が持てた経験であった。
　「うちの生徒には、無理」なのではなく、大人たちの向き合い方、関わり方自体が問われているのだということを、私たちは自覚する必要があると思う。

6　自立支援チームに関わった8年間を振り返って改めて思うこと

　私が自立支援チームに関わってきた8年間を通じて実感していることは、現行の高校教育システムでは多様かつ複雑な背景をもって入学してくる生徒への個に応じた支援は困難だということである。
　現行の学校教育システムは、工業化社会（Society3.0）に適応する人材育成を図ることを目的として成り立ったシステムである。そのシステムに制度疲弊が起き、限界に近付いているというのが現状であろう。
　そのことを裏付けているのが毎年秋に公表される文部科学省「児童生徒の問題行動・不登校等生徒指導上の諸課題に関する調査」の結果である。小中学校の児童生徒の不登校者数は令和2年度から5年度というわずかのあいだで約14万人増加し、約35万人の子どもたちが不登校状況に陥っている。これらの層が次年度から、高校に入学してくるのである。
　近い将来、学校教育システム（小学校から大学まで）の抜本的見直しが求められることは言うまでもない。
　システム改革には時間がかかる。大きな改革の方向を見失わずに、いまからできる改革を少しずつ、できるところから始めていかなければならない。そこで、まず着手しなければならないのは、高校教員の意識改革であり、中でも不可欠なのは、生徒観を根本から見直していくことであろう。
　具体的には、第一に複雑で多様な家庭・生活背景を背負いながら生徒たちは高校に通っているという事実に正面から向き合うことである。第二に、生徒にとって、教員は権力者的存在であることを自覚し、それゆえ、生徒

が教員の前で見せる顔や姿だけで、生徒のことを勝手に理解しないことである。第三に、高校教育を取り巻く社会的状況が大幅に変化し、高校全入時代に突入している。そのことを踏まえ、高校教育においても個に応じた支援という視点を持ち、SCやYSW（SSW）等の専門人材との緊密な連携を図り、生徒に関わることである。

　私自身としては、大学教員・研究者として、これからも現場に関わりながら、これまで自分が経験を通じて学んできたことを、地道に高校の教員やYSWたちに伝えていく作業を進めていきたいと考えている。

■注
1　2022（令和4）年6月に改正された児童福祉法により、2024年度から新たに、認定資格としてこども家庭ソーシャルワーカーが加わることとなった。
2　東京都教育庁地域教育支援部生涯学習課「とうきょうの地域教育〜豊かな出会いと学びを〜 No.134」2018年2月
3　2024（令和6）年度主任社会教育主事のポストは空席となっている。

第5章

「移行」を支援する高校教育への転換と社会教育行政が担うべき役割

　第5章では、今後の高校教育のあり方について提言するとともに、高校教育を支援する社会教育行政の役割について論じていきたい。

　本章のキーワードは「『移行』支援」である。これまで述べてきた学校から職業への「移行」に加え、思春期から青年期、そして成人期への「移行」という問題にも触れている。「一人前になる」ということの定義が曖昧になり、世代間の断裂が明確化になった社会の中で生徒たちの変容は一層激しさを増した。その高校生世代にどのようにアプローチしていくかという困難なテーマについて考えていく。

1 　高校支援に関わって20年、その間に変わったこと変わらなかったこと

　社会教育行政が都立高校の支援に関わったのは、都立高校で教科『奉仕』を導入するという方針が示された2004（平成16）年度の秋頃からになる。今からさかのぼって20年前になる。この20年間、どれだけ高校教育に関わる教員の意識が変わったのかと問われれば、「あまり変わっていない」というのが正直な実感である。

　「高卒当然社会」に至る過程で、高校に入学してくる生徒の変容は著しく、それに対応する高校教育の内容も大幅に変わってきた。

　まず、卒業に必要とされる修得単位数の変化である。高校への進学率が80％を超えた1970（昭和45）年に高等学校学習指導要領が全面改訂さ

れ、それまで卒業に必要とされた修得単位数が93単位から85単位に減少し、さらに、1978（昭和53）年の改訂時には、80単位まで減り、1999（平成元）年の改訂時には、74単位まで減らされている。現在、自立支援チームの継続派遣校に指定される高校は、全日制であっても74単位修得すれば、卒業できることとなっている。

次に、高校教育の多様化が進んだことである。1992（平成3）年4月の中央教育審議会答申『新しい時代に対応する教育の諸制度の改革について』において、大衆化した高校には、多様な生徒が入学してくることを前提に、教育の水準や内容について一律固定的に考えるべきものではなく、生徒の実態に即し、できる限り幅広く、柔軟な教育を実施することが提言された。これを受け、総合学科の導入、単位制高校の全日制への拡大、学校間連携、学校外学修単位認定制度が導入された。

中でも私が注目しているのが、学校外学修単位認定制度である。文部科学省は、その趣旨を以下のように説明している[1]。

> 高等学校の生徒の能力・適性、興味・関心等の多様化の実態を踏まえ、生徒の在学する高等学校での学習の成果に加えて、在学する高等学校以外の場における体験的な活動等の成果をより幅広く評価できるようにすることにより、高等学校教育の一層の充実を図ることを目的として、各学校長の判断によって、高等学校の単位として認定することが可能となっています。

この制度は、1993（平成5）年度に制定され、1998（平成10）年度には、単位認定の対象範囲が格段に拡がり、従来の「他の高等学校（又は自校の他の課程）・専修学校（専門学校を除く）」から、「大学・高等専門学校・専門学校・社会教育施設」における学修の成果や「ボランティア活動」「就業体験（インターンシップ）」「スポーツ又は文化に関する分野における活動」に係る学修の成果についても、単位認定が可能となった。さらに

2005（平成17）年度からは、学校外学修単位認定制度を活用して認定できる単位数の上限が20単位から36単位に拡大されている。

現在では、高校卒業までに修得が必要な最低単位数（74単位）のうち、約半分近くまで、学校外の学修の成果を単位認定することが可能なのである。しかし、この制度を有効に活用している都立高校はほとんどないのが現状である。

再び、1992（平成3）年4月の中央教育審議会答申に戻るが、この答申では「高校教育改革の視点」として「①量的拡大から質的充実へ、②形式的平等から実質的平等へ、③偏差値偏重から個性尊重・人間性重視へ」を挙げていることにも着目すべきである。

実際にこの答申の内容を受ける形で、都教委は1996（平成9）年9月に『都立高校改革推進計画』を策定した。この計画では、都立高校が抱える課題を4つ（①生徒の多様化への対応、②社会経済の進展等への対応、③生涯学習社会への対応、④少子化による生徒数の減少への対応）を挙げている。それに対する改革の基本的な方向として「特色ある学校づくりの推進」「開かれた学校づくりの推進」等4つを挙げているが、中でも注目すべきは、「特色ある学校づくり」である。

この計画を受け、都教委は「新しいタイプの高校」という考え方を打ち出し、既設校の発展的統合や改編を行うことを通じ「チャレンジスクール（定時制総合学科）」「昼夜間定時制（単位制）」等の学校を設置する。さらには、2004（平成14）年10月の『都立高校改革推進計画・新たな実施計画』において、「エンカレッジスクール（全日制）」の指定を行うなどの改革を進めてきた。

これら新しいタイプの高校を設置すること、つまり高校教育の仕組みを大きく転換させることで、多様化する生徒の状況に対応しようとしてきた。もちろん、これらの高校を設置したことの効果（中退率の減少等）は一定程度あったのは確かである。しかし、現時点で評価するならば、新たな高校教育システムの改変以上に、高校生自体の変容のスピードの方がはるか

に上回っているため、都立高校改革が追い付いていない。

　高校教育システムを改革するには、相当の行政コスト（予算だけでなく、相応の時間）が伴う。しかし、新たな高校を設置する場合、最低5年間の期間（①設置方針の決定→②基本計画検討委員会の設置・報告を通じて、カリキュラムの検討→③開設準備室の設置後2年で開校）を要するのである。例えば、令和7年4月に開校する新たなチャレンジスクールである立川緑高校のように、既存の高校を改築するのではなく新たに学校を設置する場合には、実に8年の月日を費やしている。

　都立小台橋高校（令和5年度開校）や都立立川緑高校（令和7年度開校）といった新しく設置されるチャレンジスクールに校内居場所カフェを設ける話も、すでに施設の基本設計が終わった後に浮上したため、調整は大変難航した。すでに書かれた設計図に、新たな事業を入れ込むのには、学校施設を設計・設置する都立学校教育部だけでなく、開設準備担当校長をはじめとした教員たちの理解・協力も必要となってくるからである。

　今回は、双方の開設準備校長の理解もあって、何とか途中で校内居場所フェの設置を計画に盛り込めた。しかし、自立支援チームが成果を上げる前の時点で生涯学習課がアプローチしたのでは、校内居場所カフェの設置の提案など、歯牙にもかけられなかったであろう。このように、行政が方針を決め、新たな方向性を示し、動き出すのには、時間とコストがかかるのである。

　煩雑な行政手続きを進めざるを得ない中で、高校生たちがどんどん変貌していく。新型コロナウィルス感染症が及ぼした影響が加わり、高校生の変容は加速度を増していったように思う。

　2024（令和6）年10月に公表された文部科学省の『令和5年度児童・生徒の問題行動・不登校等生徒指導上の諸課題に関する調査』では、義務教育段階の不登校児童生徒が万人を約35万人に上るという。この層が確実に1〜2年後に高校生世代となり、高校に入学してくることとなる。

　ここ数年、都立高校での入学選抜選考で、定員割れする高校の多さが指

摘されている[2]。この背景には高校教育無償化の影響により私立高校へ生徒が移っただけでなく、中卒後ストレートに通信制（広域通信制）高校へ進学する生徒が多くなったということがある。このような事態が進行しているのは、中学生及びその家族の意向だけではなく、中学時代に不登校状態にある生徒への教員の進路指導の方針が「普通の高校に入学させても、中途退学か転学してしまうのなら、いっそ最初から通信制に進学させればよい」という形に変わってきているということもある。

　高卒当然社会を迎えたいま、制度としての高校の存在意義が問われているのである。

2　「移行支援」としての高校教育

　自立支援チームを構想していく上で、大きな示唆をいただいた本がある。児童精神科医の小野善郎と教育心理学者で不登校研究の第一人者である保坂亨が編者となって刊行した『移行支援としての高校教育――思春期の発達支援から高校教育改革への提言』（福村出版、2012年）である。この書籍はその後シリーズ化し、『続　移行支援としての高校教育――大人への移行に向けた『学び』のプロセス』（福村出版、2016年）、『続々　移行支援としての高校教育――変動する社会と岐路に立つ高校教育の行方』（福村出版、2023年）が刊行されている。

　最初の書籍が発行された2012（平成24）年度といえば、私たちが中退者調査を行った年だったため、かなり真剣に読み込んだ記憶がある。

　編者の一人である小野善郎は、この書籍のはしがきで、次のように述べている（小野、保坂 2012: 6）。

　　本書は発達心理学と発達精神病理学の考え方を基軸に、いくつかの
　　高校における教育実践についての考察を加えた野心的な高校教育の論
　　考である。社会制度や教育制度といった「社会」の視点というよりも、

教育を受ける主体である子どものニーズに立脚した高校教育論である。
　　現在の高校教育と思春期の発達と精神病理に関する「事実」をつぶさ
　　に検証することをとおして、より広い学術的な視点から高校教育のあ
　　り方を議論し、われわれが到達した結論が「移行支援としての高校教
　　育」である。

　私は、この「移行支援」ということばに関心を持った。ここでの移行支援は、子どもから大人への移行という意味で広く捉えている。発達心理学の視点からは、乳幼児期→学童期→思春期→青年期→成人期という図式で発達を遂げていく。高校生段階は、主に思春期の時期にあたる。小野よれば、発達精神病理学の視点から、思春期は成人期以降の精神保健に関する非常に重要な時期であるとしている（小野、保坂 2012: 33-34）。

　　　思春期になるとこれまで顕在化することが少なかった心理的な問題
　　が、具体的な行動として現れやすくなる。それらの行動は大人たちか
　　ら「問題行動」と認識されるもので、不登校、ひきこもり、過度の恥
　　ずかしがりなどの内向的な問題と攻撃性、反社会的行動などの外向的
　　な問題とに大別される。［…］子どもにとってもさまざまな被害や不利
　　益をこうむるリスクがあるので、介入が必要となる。問題行動が激し
　　ければ激しいほど、その影響が大きければ大きいほど介入の必要性は
　　高くなる。この介入の必要性が高くなるような状態は、まさに子ども
　　が支援のニーズを示しているシグナルである。目に見える支援を求め
　　るシグナルがもっとも出やすくなるのが思春期であり、大人になる段
　　階でそれまでのケアされずに積み残されてきた課題に向き合う最後の
　　チャンスである。

　この指摘は、現場で高校生たちに関わってきた私にとっては、大いにうなずけるものであった。自立支援チームの取組を展開していくなかで、実

際に精神保健の問題を抱え持つ生徒たちに数多く出会ってきた。

　小野によれば、「もともと思春期は多様な精神保健の観点からみても極めて重要な時期」である（小野 2012: 34）。YSWが支援する生徒たちには、統合失調症や双極性障害、対人恐怖、摂食障害等の精神保健的課題をもっている生徒は少なくない。高校全入時代の高校教育には、生徒個々への適正なアセスメントに基づく発達支援や精神保健からのアプローチが欠かせないのである。

　もう一点、小野の指摘にもあった「問題行動」を内向的問題と外向的問題に分けて考える視点についてであるが、いまを生きる高校生たちに現れてくる行動は、内向的問題であるケースが圧倒的に多い。特にチャレンジスクールや昼夜間定時制高校といったタイプの高校ではその傾向が顕著である。精神保健的なアプローチを必要としている生徒たちの増加はとどまることを知らない。

　『移行支援としての高校教育』シリーズは、2023（令和5）年に7年ぶりに新刊を発行している。新刊を発行した理由について、最初の書籍を発行してから10年が経ち、「その後の高校教育制度を取り巻く状況が大きく変化し」た（小野、保坂 2023: 5）と指摘している。

　では高校教育制度を取り巻く状況はどのように変化したのであろうか。その点について小野は「不登校児童生徒数の急増に象徴されるような従来の画一的な学校教育制度の崩壊や、それを補完するかたちで不登校生徒に高校教育の機会を提供する私立広域通信制の急拡大により、不登校であった生徒が排除されることなく高校教育が保障されるようになった」（小野、保坂 2023: 5）と説明している。

　不登校生徒の激増と広域通信制高校の台頭に加えて、新型コロナウィルス感染症が与えた生徒たちに及ぼした影響や高校教育の無償化の動きが相まって、この10年間の生徒たちの変容は著しい。

　2012（平成24）年に刊行された『移行支援としての高校教育』の最後に、全入時代の高校教育に求められる3つの視点が提示されている。その問題

意識にあるのは「大人への以降が長期化・多様化した現代においては、思春期の発達過程を過ごす『育ちの場』としての高校の機能はますます大きくなってきて」いることであり、①「子ども」の視点、②「個」の視点、③「ニーズ」の視点を提示している（小野、保坂 2012: 322-326）。

　この指摘は、自立支援チームの取組を通じて、私が都立高校の教員たちに伝えたかったことと共通したものとなっている。

3　高校教育のパラダイム転換の必要性と教員の意識改革

　不登校や精神保健等の課題を抱えている生徒たちの増加に、学校制度の対応が追いついてないという状況は、小野や保坂が指摘するとおりである。ではこの問題に対し、教育行政はいったいどのような対応をしていったらよいのだろうか。

　この議論を考える際に重要なのは、何よりも現在を生きる生徒たちへの理解を深めることであることはいうまでもない。そのためにも臨床の現場に立ち、つぶさに生徒たちへのアセスメントを行い、彼ら彼女らの個別ニーズ、特に、フェルトニーズ（felt needs、本人が自覚しているニーズ）を把握し、その上で「個に応じた支援」をどのように行うか、という取組が不可欠となる。

　そのために、高校では教員だけでなく、SC や YSW、医師[3]、生徒に対する諸機関（児童相談所、教育相談センター、福祉事務所、障がい者支援部署）等との連携・ネットワークを構築し、生徒支援のためのプラットフォームとしての役割を果たすことが求められている。

　学校という場における主役は（建前では生徒だといっているが）教員である。なぜなら学校という制度は、国家・社会が望ましいと考える方向に生徒を育成するための「指導」を行う場所として成立した経緯があるからだ（柳 2005）。もちろん、大量の公費をかけて運営するのであるから、公的メリットがあるシステムでなければならいのは、ある意味当然のこと

である。しかし、現行の学校制度は、工業社会（Society3.0）に対応した人材の養成を行うことを前提に構成されたものである。いまでは情報社会（Society4.0）を経て、Society5.0（サイバー空間とフィジカル空間を高度に融合させたシステムにより、経済発展と社会的課題の解決を両立する人間中心の社会）が標榜されている社会である。

　超少子高齢社会状況の下で、子ども・若者たちが次代を担う力を、主体的に形成していくことが求められており、その自己形成の学びを支援する場が学校であることが求められているのである。

　このことは、2021（令和3）年1月の中央教育審議会答申『「令和の日本型学校教育」の構築を目指して』でも以下のように考え方を示している。

> 　一人一人の児童生徒が、自分のよさや可能性を認識するとともに、あらゆる他者を価値のある存在として尊重し、多様な人々と協働しながら様々な社会的変化を乗り越え、豊かな人生を切り拓き、持続可能な社会の創り手となることができるようにすることができるよう、その資質・能力を育成することが求められている。

　現行の学習指導要領では「社会に開かれた教育課程」が標榜（ひょうぼう）されており、ICT等のツールを使って、個別最適な学びと協働的な学びを実現することを目指している。

　このように時代状況や子どもたちの変容を踏まえ、学校教育そのものが変わらなければならないことは、中央教育審議会のみならず、政府関係の文書で指摘されている。

　では、この考え方が学校運営の主役である教員たちにどれだけ浸透しているのであろうか。都立教育困難校での対応を見る限りは、その考えが浸透しているとはいいがたい。そういった高校に所属する教員たちの中には未だに適格者主義の考え方が根強く残っているし、学年制をとる高校の場合は、必履修単位が未修得のため進級できない生徒に対し、「転学」とい

う選択肢を絶妙のタイミングで提案するという教員が少なからず存在している。

　この状況を指導主事や良心的な学校管理職や教員たちも苦々しく思っているし、何とかしなければならないと考えてもいる。しかし、自立支援チームの取組を始めてからこの9年間を見る限り、そういった高校の教員たちの意識が変わったようには思えないのである。

　教員の長時間労働が社会問題となり、「学校のブラック化」状況が広く知られるようになる等、「学校の働き方改革」が待ったなしの教育課題となっている。その一方で、高校教育の中には旧態依然とした教員文化が厳然と残存しているのも事実である。困難を抱える生徒への個に応じた支援を実施したいと考えているYSWをはじめとしたスタッフたちのやる気を簡単にそいでしまう教員たちも少なくない。このような旧態依然とした意識を持っている教員はいわゆるベテラン層の教員だけなのかといえば、残念なことにそうではないのである。若く、経験の浅い教員たちにもこの悪習が再生産されている。こういった状況を踏まえ、いかに教員の意識改革を進めていくかが教育行政にとっての大きな課題であり、教員養成を担っている大学側の養成システムの見直しも併せて不可避であると考える。

4　ユニバーサル・アプローチの展開——社会教育行政の役割

　上記3節で述べたように、生徒個々に応じた支援を中心に据えた高校教育改革のパラダイム転換を図ることは喫緊の課題である。

　それとともに、学校教育支援機能を持つ社会教育行政には、自立支援チームの充実や学びのセーフティネット事業を着実に展開していくことに加え、学校教育を支える学校外の教育活動の活性化に取り組むことが求められてくる。

　そんな問題意識をもって、第11期生涯審を2019（令和元）年9月に立

ち上げた。そして、約2年にわたる審議を経て『東京都における今後の青少年教育振興の在り方について──ユニバーサル・アプローチの視点から』という建議（以下、第11期建議という）を取りまとめた。

　第11期建議においては、青少年教育をテーマに据えた。かつて学校教育ととともに重要な役割を占めてきた青少年教育は、いま、その存在感が薄れてきており、近年では郊外にあり自然体験ができる青少年向けの施設を運営するだけの存在になってしまった感がある。その「青少年教育」に再び光を当て、その再生を図ることで、公教育の新しいパラダイムを打ち出したいという意図が私にはあった。

　その背景にある問題意識は、以下のようなものである。第11期建議のはじめにでは、以下のように記されている。

　　高度情報化社会に入り、青年期から成人期への移行の困難さ、つまり、大人になることが困難な時代に突入したことが指摘されている。
　　これは、全ての青少年に共通する課題であるが、今注目されているターゲット・アプローチの視点は、何らかの社会的課題を抱えている青少年たちを対象としたものであり、社会生活を送る上での困難な状況を克服するための支援だけでは、十分であるとは言い難い。
　　そこで改めて、青少年教育に焦点を当てる必要が出てきた。青少年教育は全ての青少年を対象に自発性、社会性の発達を促すという「ユニバーサル・アプローチ」であり、今、求められているのは、ユニバーサル・アプローチという基盤の上に、ターゲット・アプローチが実施される状況を創り出していくことである。

　第11期建議の中で、取り入れたのは「新成人期」という考え方である。この背景には高度情報化社会の時代に入り、青年期から成人期への移行のプロセスが長期化するとともに、直線的な移行が達成されていないという問題意識がある。

その背景には、高等教育への進学率や平均初婚年齢の上昇（未婚率の上昇）等の理由により、子どもの保護者への依存度が長期化するとともに、社会的・精神的な自立の遅れという状況が生じていることがある。

　アメリカの発達心理学者であるJ.アーネットはこのような状況を分析し、「新成人期」（emerging adulthood）と名付けた。新成人期は、青年期と成人期の間の10代後半から20代の時期を指している。図表16にあるように、アーネットは、その特徴を以下の5つに整理している（乾 2016: 339-340）。

図表16「新成人期」の特徴

---

①様々な可能性を試すアイデンティティ探求の時期（identity exploration）
②不安定な時期（instability）
③もっと自分自身に関心が向かう時期（self-focusded）
④移行をめぐる中途半端な感覚の時期、青年でも成人でもない時期（in-between）
⑤可能性に満ちた時期（possibility）

（出典）乾（2016: 339-340）より抜粋

　成人期への移行過程が長期化する上で、しかも行きつ戻りつするということを踏まえると、本章2節で取り上げた「『移行支援』としての高校教育」の枠を超えた支援を行う必要が出てくる。

　2022（令和4）年4月に改正・施行された民法では、成年年齢が18歳に引き下げられた。高校3年の誕生日を迎えると、法律的には機械的に成人となり、成人になると児童福祉法の適用対象からも除外されてしまう[4]。

　もちろん、高校という制度も必要な単位を修得すれば卒業となるように、法律や制度というものは、必ずどこかで線引きがなされてしまう。

　しかし、子ども・若者の成長・発達は、必ずしも年齢に対応しているわけではなく、制度の壁を前に右往左往する子ども・若者たちも少なくない。

　さて、ここに青少年教育を振興する社会教育行政の出番がある。青少年

教育という用語は、忘却の彼方に去ってしまった感のある用語である。しかし、子ども・若者たちの状況を考えると、もう一度この「青少年教育」に焦点を当てた施策構築が求められているように思えてならない。

そこで、現行の子ども・若者施策の批判的検討を試みてみた。現在の子ども・若者支援に対する行政施策のアプローチは、基本的に「社会生活を送る上で困難を有する子ども・若者」（子ども・若者育成支援推進法第1条）に対して、インテンシブ（intensive）に行われている。第11期建議では、これらの取組を総称して「ターゲット・アプローチ」と呼んだ。

予算措置を伴う行政施策の立案は、基本的に一つの問題を解決するために一つの施策を提示するという方法を取る。つまり、ニートという問題を解決するための施策にはXという施策、不登校対応のためにはYという施策といった形で予算措置がなされる。地方自治法第2条の14にある「最少の経費で最大の効果を上げる」という考え方に基づき、行政の予算要求作業が進んでいくのが建前である。「最少の経費で、最大の効果」ということを、行政職員は「一つの行政目的を達成するために、重複して予算措置をしてはならない」と当たり前のように考えている。例えば、高校中退者追跡調査の結果を踏まえて、中途退学未然防止のための委託事業（p.87-91参照）を施策化したときは、財政当局から「高校を離籍したら、それはもう教育庁の所管ではないのではないか」、「福祉保健局（当時）や産業労働局に類似の事業がないことを説明せよ」といった質問が矢継ぎ早になされてきたことは先にも述べた。予算要求のやり取りにおいては、査定権を持っている財政当局の担当者の方が圧倒的に有利であり、事業担当局の担当者は、財政当局から浴びせられる（しかも疑念を前提に展開される）質問の嵐を潜り抜け、やっとのことで予算を獲得するということになる。行政施策において、解決すべき問題にマルチでアプローチする予算事業は基本、認められないのである。

また「問題を解決する」という考え方を取るため、問題が顕在化したのちに、その対策が必要という論理が導き出される。予算要求が成り立つた

めに、未然に問題の発生を防止するという観点の予算事業の措置は、疫病対策といった分野以外には、なかなか認めてもらえない。

　行政職員、特に財政当局の職員は、このように一つの問題に対し、一つの解決策を提示するという形式論理的思考を取るため、子どもの貧困問題の解決を目指すとか、ひきこもり対策の予算措置をするとか、児童虐待の対応を行うとか、学校におけるいじめ問題を解決するといった形で子ども対策・支援の予算は細分化され、事業間の連携・一体的推進という方向にはなかなか収斂していかないのである。

　しかも、これまで見てきたように、子ども・若者たちの置かれている状況は、多様かつ複雑化しているため、その課題ごとに対応しようとすればするほど、予算化される事業は細分化されていくのである。

　一方、すべての子ども・若者を対象にしたアプローチには、まったく予算が付かない。この問題にどのように対処していくかが行政職員としての私の課題であり続けた。

　ここで二つのデータを見てみたい。一つは、日本財団が2019（令和元）年11月に公表した『18歳意識調査　第20回　社会や国に対する意識調査』の結果である。

　この調査は、日本とインド・インドネシア・韓国・ベトナム・中国・イギリス・アメリカ・ドイツの計9ヶ国の17〜19歳の男女を対象に行われたものである。図表17を見るとわかるように、日本と韓国には若干類似している箇所も見られるものの、それ以外の国の若者との社会参加意識・意欲の差は甚だしい。先進国（イギリス・アメリカ・ドイツ）とこれから経済発展が見込まれる国（インド・インドネシア）とを比較すれば、若干、先進国の方が低い数字になってはいるが、日本の数字を見れば、いかに日本の若者世代が、社会と関わり社会に参加し社会に貢献するといった意識が低いかということが明白になる。

　次に、独立行政法人国立青少年教育振興機構が2021（令和3）年6月に発表した『高校生の社会参加に関する意識調査報告書――日本・米国・中

図表17　各国の18歳は「自分」のことをどのように捉えているか

	自分を大人だと思う	自分は責任がある社会の一員だと思う	将来の夢を持っている	自分で国や社会を変えられると思う	自分の国に解決したい社会課題がある	社会課題について、家族や友人など周りの人と積極的に議論している
日本　(n=1000)	29.1%	44.8%	60.1%	18.3%	46.4%	27.2%
インド　(n=1000)	84.1%	92.0%	95.8%	83.4%	89.1%	83.8%
インドネシア (n=1000)	79.4%	88.0%	97.0%	68.2%	74.6%	79.1%
韓国　(n=1000)	49.1%	74.6%	82.2%	39.6%	71.6%	55.0%
ベトナム (n=1000)	65.3%	84.8%	92.4%	47.6%	75.5%	75.3%
中国　(n=1000)	89.9%	96.5%	96.0%	65.6%	73.4%	87.7%
イギリス (n=1000)	82.2%	89.8%	91.1%	50.7%	78.0%	74.5%
アメリカ (n=1000)	78.1%	88.6%	93.7%	65.7%	79.4%	68.4%
ドイツ (n=1000)	82.6%	83.4%	92.4%	45.9%	66.2%	73.1%

（出典）日本財団『「18歳意識調査　第20回　社会や国に対する意識調査』（2019年）

国・韓国の比較』を検討してみたい。調査結果の特徴を①学校内の活動や参加意識や態度、②学校外の活動への参加や関心、③社会や政治への関心、④家族とのコミュニケーション、⑤権利の尊重、⑥社会参加の意識といった観点から比較してみた。

その結果をみると、日本の高校生世代は①学校内の活動への参加意識や態度、④家族とのコミュニケーションについては、他3ヶ国と比べて良好な結果が出ている一方、②学校外の活動への参加や関心、③社会や政治への関心、⑤権利の尊重・保障についての意識、⑥社会参加についての意識等の外向的積極性や社会への関心は低いという結果が出ている。

図表18は、この調査に関わった両角達平がまとめたものである。両角は、「他人を責めることもないし、迷惑をかけることもしない。しかし、しなくてもいいことは無理にリスクととってする必要もない。ただ乗りできるところにただ乗り（フリーライド）するつもりはないけれど、みんなが乗らないところにはあえて乗らなくてもいい」と表現し、日本の高校生

図表18　日本の高校生の社会参加に関する意識の傾向

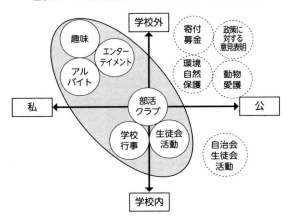

（出典）国立青少年教育振興機構「高校生の社会参加に関する意識調査報告書
　　　　——日本・米国・中国・韓国の比較」（2021年）p.78

の特徴を「受動的な自分本位」という形で表現している（両角 2021: 81）。

　このような状況を私たちはどのように理解したらよいのだろうか。両角は「新自由主義化した日本の子ども・若者の生育環境は、保護者や学校、大人社会の『監視の目』を強めているのではないだろうか」（両角 2021: 81）と指摘している。かつて社会学者の土井隆義が「親密圏の中の過剰な配慮」（土井 2004）と表現したように、自分の身の回りにいる者に対しては、ものすごく配慮するが、他者（公共的領域にいる人を含む）に対しては、無関心という状況がある。

　第11期建議では、次代を担う若者たちが公共的領域への関心を高め、社会参加への意欲を高めていくための方策として、すべての青少年を対象としたユニバーサル・アプローチが求められるとした。

　かつての日本社会には、若者たちが大人の世界へと入っていくことを社会として認証していく通過儀礼（例：武士社会における元服や成人式等）があった。そういった自己形成の準拠枠（柴野 1995: 73）があることにより、若者が大人になることを地域社会が認めるという仕組みがあった。

しかし、地縁的なつながりが希薄化したことに伴い、子ども会や青年団といった地域的共通性を基盤としていた青少年教育活動は衰退していき、社会の側が大人になることへの明確な準拠枠を提示できないでいるというのが現代社会なのである。
　では、現代を生きる青少年たちは、どのようにして自己形成の準拠枠を見出していけるのだろうか。第11期建議では、その可能性を同世代の仲間たちで行われる相互学習、集団学習に求めている。そして、そのために青少年に「自由時間」（余暇の時間）を確保することの必要性を指摘している。

　　自由時間（余暇の時間）の中で、青少年自身の主体的参加によって自主的なプログラムをつくり、試行錯誤を繰り返しながら体験的に学習を進めていく作業を通じて、青少年たちは隠れた自己を発見し、自己の可能性を試し、能力の限界にチャレンジする作業に取り組み、自分たちの力でその克服に向けて努力するという自己教育を行って行くのである。これが現代におけるユニバーサル・アプローチとしての青少年教育に求められる役割なのである。

　第11期建議では、「全ての青少年が地域の中で生活し、学び、活動し、働くことを通じて、成人期への移行を支援するというユニバーサル・アプローチを行う上で重要となるのが『ユースワーク（youth work）』という青少年教育の手法である」と指摘している（第11期東京都生涯審建議 2021: 21）。
　ユースワークを青少年教育の手法というのは、やや矮小化した表現であるものの、ユースワークを通じたユニバーサル・アプローチを行うことが、いまの教育施策に欠けている視点であることは間違いない。
　第11期建議において整理した今後求められる青少年教育の役割について図式化したものが図表19である。

第5章　「移行」を支援する高校教育への転換と社会教育行政が担うべき役割

図表 19　今後求められる青少年教育の役割

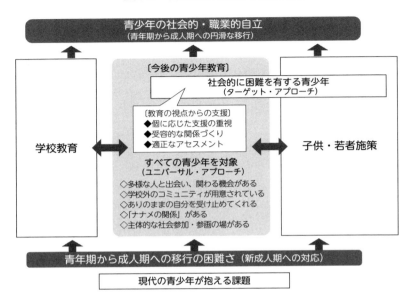

（出典）第 11 期東京都生涯学習審議会建議（2021 年）p.23

　この図の見方を説明すると、現代の青少年が抱える課題があり、それらが青年期から成人期への移行の困難さをもたらしている。その課題に対応するためには、既存の学校教育や社会生活を円滑に送る上で困難を抱える青少年に軸足をおいた子ども・若者施策の対応では不十分である。現行の施策で欠けているのは、すべての青少年を対象としたユニバーサル・アプローチの視点であり、その役割を担うのが青少年教育なのだということである。また、従来ターゲット・アプローチの対象とされてきた青少年にとっても、ユニバーサル・アプローチが必要であることも指摘している。
　学校教育、子ども・若者施策の間に青少年教育施策が入ることにより、青少年の社会的・職業的自立を図っていこうとするのが、第 11 期建議が目指したものであった。
　元来、青少年教育という分野は、社会教育行政の所掌領域である。その

ことに加え、先述した「現代における『二つの青年期』」への対応を踏まえると、学校教育行政との役割分担は不可欠である。そのような意味からも同じ教育行政の中で、学校教育行政との連携・協働を通じて、ユニバーサル・アプローチが担われることが望ましいのである。

5　これからの青少年教育の担い手としてのユースワーカー

では、新しい青少年教育の担い手は誰なのか。第11期建議の作成過程において、その担い手たちのことをユースワーカーとして位置付けていきたいと審議会委員のメンバーとも話した。

ユースワーカーとして、第一に想定していたのは、若者支援NPOをはじめとしたアソシエーション型の団体のスタッフである。これらの団体は都内の青少年（教育）施設や中高生向けの児童館の指定管理者として、施設の運営を担い、青少年のニーズに即した柔軟な事業を展開している。例に挙げるとすれば、文京区立青少年プラザ（通称：b-lab）や調布市青少年ステーションCAPSなどの運営に当たっているNPO等である。

また、生涯学習課が自立支援チーム派遣事業のスタッフ（会計年度任用職員）として雇用しているYSWについても、図表19の整理に従えば、ターゲット・アプローチとユニバーサル・アプローチをつなぐ役割が期待されている。加えて2024（令和6）年度から都教委の高校改革施策に位置付け、都立高校に設置されている「校内居場所カフェ」の運営者という立場と、ユースワークの担い手という立場からYSWを位置付けるということが可能となる。

ただし、YSWが都立高校で出会う生徒たちは、家庭環境的・心理的・精神保健的・身体的な困難を抱えている場合が多い。それらの困難に直面している生徒に対し、「私が解決してあげる」という意識から関わろうとした時点で、支援対象の生徒を課題解決の「主体」ではなく、課題を解決してあげる「客体」にとどめてしまうというケースも少なくない。YSW

には、生徒自身が主体的に社会と関わり、自己形成を遂げていくための伴走者であるという意識を持ち続けていってほしいと考えている。

では、社会教育行政が果たすべき役割とは何なのだろうか。行政として第一に取り組むべきは、ユースワーカーに対する社会的認知を高める仕掛けをつくることだと考える。特に、教員たちにユースワークの意味を理解させることが重要である。教員たちの多くは「教育＝学校」という狭い図式で、教育を捉えている。英語のeducationの語源は、ラテン語の"e-"（外へ）、"decere"（引き出す、何かを引っ張る）という意味だと言われている。つまり、その人が持っている諸々の能力を引き出すことが教育だという認識を持って生徒たちに接することができるように教員を育成・研修していくことが重要である。

第二に、青少年教育施設や地域コミュニティでユニバーサル・アプローチを実施しているNPO等の関係者に、ユースワーカーという名称で公的に認証を付与することを考えていく必要があろう。現在、社会教育の分野では、「社会教育士」[5]という称号に注目が集まっており、こういった動きを視野に入れた対応が求められる。例えば、社会教育士の単位を取得した者に子ども・若者支援に関わる科目（単位）を付加することで、ユースワーカーとして認証していくということも考えられるのではないだろうか[6]。

第三に、社会教育行政の専門的職員である社会教育主事がユースワーカーに対する助言者としての役割を発揮できるよう、専門性を高めていくことも重要である。これは、第11期建議でも指摘していることであるが、社会教育主事には「青少年教育に関する調査研究機能の発揮」「青少年に関わるNPOや関係団体の間のネットワークづくり」「NPO等が企画した青少年教育事業への助言」「学校教育との連携する際の助言と支援」などの役割が期待されている。

今後の社会教育行政の役割は、教育基本法第13条を論拠に学校教育支援に取り組む[7]とともに、次代を担う子ども・若者を育成し支援していく

ために、ユニバーサル・アプローチの考え方に基づく青少年教育施策を展開し、併せて社会的困難を抱える子ども・若者に対しては、必要に応じてターゲット・アプローチを組み合わせえ取り組むことになろう。

■注
1　学校外学修単位認定制度については、以下の文部科学省の URL を参照のこと。https://www.mext.go.jp/a_menu/shotou/kaikaku/1247229.htm（最終閲覧日　2024 年 10 月 17 日）
2　定員割れした都立高校は延べ 45 校 63 課程で、前年度の 60 校 80 課程よりも改善した。（朝日新聞デジタル　2024.2.15）。
3　都立高校では、「東京都教育委員会学校医、学校歯科医及び学校薬剤師設置要綱」（平成 5 年 3 月 31 日、四教体第 867 号）を改正し、2014（平成 26）年度から精神科医をチャレンジスクール、エンカレッジスクール、昼夜間定時制高校等に配置することを可能にしている。
4　例外として、自立援助ホーム等の例外もある。児童福祉法第 6 条 3、同法 33 条の 6 における児童自立援助事業を参照。
5　社会教育士は平成 30 年 2 月の社会教育主事講習等規程の改正（施行：令和 2 年 4 月 1 日）により、社会教育主事任用資格取得者に対し付与される称号である。この改正により、新たに「社会教育経営論」と「生涯学習支援論」という科目が導入されることとなった。
6　例えば、水野篤夫・遠藤保子「ユースサービスの方法とユースワーカー養成のプログラム開発――ユースワーカー養成に関する研究会の議論から」『立命館人間科学研究』第 14 号 ,2007 年 ,pp.85-98 を参照のこと。
7　教育行政学者の背戸博史は、教育基本法第 13 条に基づく社会教育行政の展開を指摘している（大桃・背戸 2020）。ただし、背戸の指摘は、放課後子供教室や地域学校協働本部事業といった、文部科学省が施策化した既存事業に基づき、主に義務教育段階の児童・生徒にフォーカスを当てている。筆者はこの考え方を支持する立場であるが、本書の主張は、文部科学省が設定した施策の範囲にとどまらず、自治体独自の教育施策の構築にまで対象を広げて、社会教育行政の役割を捉えるべきであるというものである。

第 6 章

個に応じた支援を可能にする
高校改革と社会教育主事の役割

　2024（令和 6）年 10 月 24 日、都教委は、『都立高校におけるチャレンジサポートプラン』（以下、サポートプランと呼ぶ）を発表した。その策定理由は以下の通りである（都教委 2024）。

> 　東京都教育委員会は困難を抱える生徒に対する支援に取り組んできましたが、都立高校における困難を抱える生徒は増加傾向にあり、生徒のニーズも多様化しています。
> 　都立高校の中で困難を抱える生徒が多く在籍する定時制課程では、昼夜間定時制課程やチャレンジスクールでは入学希望に応えられていない一方、夜間定時制課程では極端な小規模化が進むなど、受入環境に課題が生じています。
> 　このような状況を踏まえ、東京都教育ビジョン（第 5 次）等で示した困難を抱える生徒に対する支援の取組を総合的に進め、都立高校における困難を抱える生徒たちの学びや成長を支える学習・教育環境の充実を図るため、「都立高校におけるチャレンジサポートプラン」を策定することとしました。
> 　本プランの計画期間は令和 7 年度から 9 年度までの 3 年間とし、「生徒が相談できる体制の充実」「生徒の事情や悩みに応じた適切な支援」「困難を抱える生徒の受入環境の充実」という 3 つの観点から支援の取組を示します。

図表20 小・中学校における不登校児童・生徒数の推移

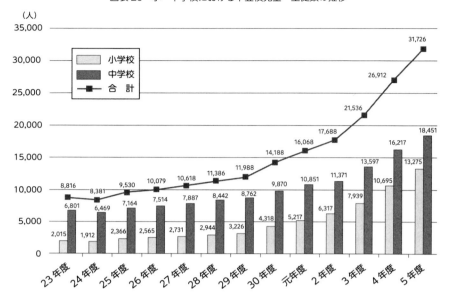

（出典）東京都「令和5年度 児童生徒の問題行動・不登校等生徒指導上の諸課題に関する調査」

　このプランでは、「都立高校における困難を抱える生徒の現状と課題」について、①不登校・中途退学を経験した生徒、②日本語指導が必要な生徒、③家族の世話等をしている生徒（ヤングケアラー）、④都立高校における特別支援教育の充実、⑤困難を抱える生徒が多く在籍する学校の現状の5つに分けて説明している。

　まず、①不登校・中途退学を経験した生徒についてである。ここでは、都立高校における不登校生徒数に焦点化している。令和5年度の不登校出現率が全日制課程で1.77％、定時制課程で34.89％となっている。また、不登校生徒数は、平成24年度の4,693名から減少してきたが、令和3年度から増加に転じ、令和5年度は5,333名となっている[1]。

　教育行政として深刻な課題は、図表20にあるように、小・中学校における不登校児童・生徒数の合計は11年連続で増加してきており、これら

図表21　都立高校における発達障害の可能性のある生徒の在籍状況

	生徒数（a）	発達障害の可能性のある生徒の在籍数（b）	在籍率（c）=b/a
全日制	119,274 人	2,997 人	2.5%
定時制	9,761 人	1,403 人	14.4%
計	129,035 人	4,400 人	3.4%

（出典）「都立高校における発達障害教育の手引き」（令和6年2月）

の層が1～数年後は確実に高校入学者層となってくることへの対処をいかに行うかということになる。

　サポートプランでは「これらの生徒たちは、中途退学に至る割合が高くなることから、将来、社会的・職業的に自立することが困難になるケースもある」と指摘し、不登校と中退対応の問題に焦点を当てている。

　②では、都立高校における日本語指導が必要な生徒数（外国籍）は平成24年度の325名から令和5年度に733名と2倍以上になっていること、そのうち約3分の1の生徒が定時制課程に在籍していると指摘している。

　③のヤングケアラーについては、都教委独自の調査は実施していないものの、厚生労働省のデータを活用して、近年社会問題化していることを指摘し、ヤングケアラーである当事者が相談できる体制の構築の必要性を挙げている。

　④都立高校における特別支援教育の充実では、令和3年度に都教委が行った調査結果では、発達障害の可能性がある生徒の都立高校全体に占める割合は、3.4%（全日制課程：2.5%、定時制課程：14.4%）であるとしている（図表21参照。）

　⑤困難を抱える生徒が多く在籍する学校の現状について、サポートプランでは「従来、夜間定時制課程の高校は、昼間に学校に通うことができない勤労青少年の学びの場となってきました。しかし今日では、学習習慣や生活習慣等に課題がある生徒や、小・中学校時代に不登校を経験した生徒、外国人の生徒など、多様な生徒が在籍するようになっています」としてい

る[2]。高校全入時代のいま、いわゆる教育困難校には複雑かつ多様なニーズを持った生徒が数多く在籍しているということである。

1　高校教育のパラダイム転換を支える社会教育行政の役割

　サポートプランで紹介された各種のデータは、従来の高校教育の枠組み（パラダイム）転換が不可避であることを示しているように、私には見える。これは自立支援チームの立ち上げから8年間、いわゆる教育困難校と呼ばれる高校と関わってきた私の実感値とも符合する。

　第5章でも述べたように、高校教育のシステムは生徒個々のアセスメントと本人のニーズに基づいた「個に応じた支援」の視点から編み直さなければ、近いうちに破綻を迎えてしまうのではないかという危機感がある。

　サポートプランのデータでも示されていたが、不登校状態の中学生が令和の時代に入ってから激増している。中学校の教員たちは、不登校生徒の進路指導として、広域通信制高校を選択肢に入れているとよく耳にする。また、不登校を経験した生徒を積極的に受け入れる都立高校であるチャレンジスクールへの進学に関し、中学校側の進学指導にも慎重な姿勢が見て取れる。これはある基礎自治体のSSWから聞いた話であるが、比較的人気の高いチャレンジスクールを受験させて、その生徒が不合格になることを考えると、なかなかチャレンジスクールも勧められないという話も聞く。高校に不合格になること自体が当事者にとって相当なダメージを与えると考えているからだという。

　その一方、残念ながら都立高校の教員たちの意識は、Society3.0（工業社会）時代の高校のイメージから脱却しきれていない。そのため、教育行政が新たな考え方を提示しても、現場レベルが教育行政と問題意識を共有できない場合が少なくないのである。

　これまで、教育行政において、公立学校に在籍する児童生徒への対応を考えるのは、指導主事の役割だという暗黙の前提の下で、いろいろな対応

策が練られ、実施されてきた。

　しかし、学校が求めているものと不登校をはじめとした困難を抱えている児童生徒が本来望んでいるものとのミスマッチは解消されていない。「児童生徒への指導＝教員の専管的業務＝教員指導は指導主事の役割」という固定観念から脱却しなければいけない時が来たように思う。私が都教委の中で一緒に仕事をしてきた指導主事たちは、それぞれ学校現場のことを理解し、学校に関わる問題を解決すべく熱心に学校と関わってきた。少なくとも、自立支援チームで一緒に関わってきた指導主事（自立支援担当統括学校経営支援主事を含む）たちの奮闘ぶりには頭が下がる思いである。しかし、それでも問題は解決しないというか、どんどん深刻化しているように思う。

　自立支援チームを施策化した後、社会教育主事として指導部高等学校教育指導課に兼務発令を出していただくよう上司に懇願した。その兼務発令のおかげで、指導主事との関係も、都立高校の管理職や教員との関係もスムーズに築くことができた。一度良好な関係性を築けるようになると、学校の問題を当事者の視点から捉えることができるようになった。都立高校には真面目に生徒のことを考え、一生懸命に自分たちにできることは何かと考え続けている教員がいる。しかし、その一方、先述したような「教育－福祉二分論」を振りかざす教員、まだ都立高校には適格者主義の考え方が残っていると断言してYSWの発言に全く耳を貸そうとしない教員、生徒に事件が起こっても、他の先生任せにして、とっとと定時になったら帰宅してしまう教員たちが存在する。そのような教員たちに対する指導主事たちの悩みもたくさん聞いてきた。

　こんな話を書くと、都立高校の教員たちに「生徒理解のための研修を企画し、悉皆で受けさせるべきだ。すぐにそういう対応をすべき」という声を上げる人たちが出てくるだろう。しかし、教員一人ひとりの考えを改めろと言ったところで上から下への命令調の指示だけでは、教員の意識が簡単に変わらないことは、これまでの様々な取組の経緯を見ても明らかなこ

とであろう。

　それよりも、学校運営の仕組み自体を大幅に見直してみたらどうかと思う。先に校内居場所カフェのことについて触れた。サポートプランに「校内居場所カフェ」の設置が盛り込まれ、その運営はYSWが担い、生徒が抱える様々な悩みを早期発見し、生徒一人ひとりに応じた支援を実施することが謳(うた)われるようになった。また、NPOと連携した学びのセーフティネット事業も継続的に実施する方向性が示されている。また、自立チームの派遣についても「生徒が相談できる体制の充実」策に提示されている。明らかに都立高校を取り巻く都教委の施策は変わりつつある。

　このことは、社会教育主事が考えてきた方向性が都教委の施策として根付きつつあることの証左である。私は、自立支援チームの役割に「生徒たちの個に応じた支援」を据えた。そこでは、「教育－福祉二分論」を排除して、教員とSCやYSWとの相互理解を進め、専門職の持ち分を越えて、一人の生徒のために、自分たちができることは何かを考え、行動する状況をつくることを目指した。それこそ、本来の意味での「チーム学校」が機能することを目指してきたのである。まだまだ乗り越えなければならないハードルは少なくないが、行政の考え方に少しずつではあるが社会教育的視点を入れ込めることができるようになったと思う。社会教育行政に、そして社会教育主事の職務に「学校教育支援機能」が付加されたことの意味が徐々にではあるが都教委内部に理解されつつある。

　しかし、それはあくまで行政レベル、しかも都教委だけの話であって、他の自治体にはこの考え方が普及・理解されているわけではない。現在の生涯学習課のメンバー一人ひとりが自分たちの役割をきちんと自覚し、能動的に行動できているかと問われると心許ないところもある。

　自立支援チームの仕組みを安定的かつ発展的に進め、そのことで、教員・学校の意識改革を実践レベルの場で推し進めていく中核的役割を持った存在が不可欠となる。その役割を果たせるのは社会教育主事が最も適していると考える。

しかし、その肝心の社会教育主事が十分に育ってきていないのが現状である（この点は、私の力が及ばなかった点でもある）。そこで、本章ではこれから社会教育主事は、教育行政の中でどのような役割を果たすべきか、そしてそのために必要なスキルは何で、それをどのように習得していくかについて、私の考えを述べていきたい。

2　これからの教育行政における社会教育主事の役割

(1) 社会教育主事制度が抱える課題

　いま、中教審では、2024（令和6）年6月文部科学大臣からの「地域コミュニティの基盤を支える今後の社会教育の在り方と推進方策について」という諮問を受け、同年7月生涯学習分科会での検討が始まった。その検討事項の中の一つに「社会教育人材を中核とした社会教育の推進方策」が挙げられている。

　社会教育主事講習等規程が改正され、2020（令和2）年4月から社会教育主事の任用資格の取得の外に、講習及び養成課程修了者が「社会教育士」の称号を名乗れるようになった。2023（令和5）年度末現在で、社会教育主事の称号を付与された者が7,047名となり、社会教育士はちょっとしたブームとなっている[3]。

　社会教育士が注目されることで、社会教育に関する理解が広がること自体は喜ばしいことだと思う一方、地方自治体における社会教育主事の配置数は減少の一途を辿っている（図表22参照。）。

　2023（令和5）年6月下旬から8月下旬にかけて、国立教育政策研究所社会教育実践研究センター（以下、社会教育実践研究センターという）が都道府県及び市区町村等教育委員会社会教育主管課長あてに行った調査では、社会教育主事発令者（令和5年5月1日現在）が1,472名（都道府県490名、市（区）684名、町269名、その他29名）であった。2005（平成17）年度の『社会教育調査』では4,119名だったものが、約20年もの間に65%弱

図表 22　都道府県・市町村教育委員会における社会教育主事配置状況

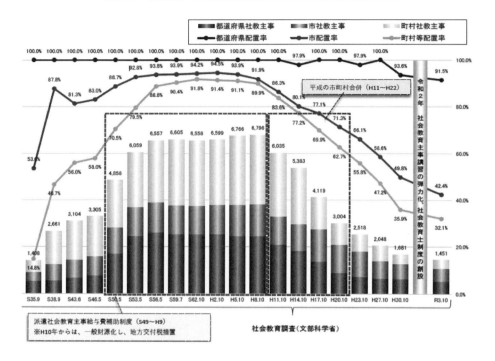

（出典）中央教育審議会生涯学習分科会提出資料（令和6年7月4日）筆者一部修正

減少している。

　その背景には、1999（平成10）年からはじまる、いわゆる市町村合併[4]（いわゆる平成の大合併）の影響や2003（平成15）年の地方自治法改正による指定管理者制度の導入による社会教育施設への職員配置の減少等があると考えられる。しかし、それだけが理由ではないようだ。社会教育実践研究センターが行った調査で社会教育主事未設置の市区町村に対し「社会教育主事発令が困難な理由」を聞いたが、その結果は図表23のとおりとなっている。

　図表23を見ると、市の回答で「①社会教育主事を未発令でも業務が可

図表23　社会教育主事配置が困難な理由（未設置市区町村）

	①社会教育主事を未発令でも業務が可能	②有資格者がいないため	③各自治体の職務の級・職制上の都合のため	④有資格者を養成する予算がないため	⑤社会教育主事補を設置しているため	⑥その他
市（区）(N=666)	42.4%	19.8%	18.0%	2.5%	0.4%	17.0%
町 (N=548)	38.5%	33.3%	13.5%	5.1%	0.3%	9.3%
村・その他 (N=135)	32.1%	44.3%	8.5%	6.6%	—	8.5%

（出典）中中央教育審議会生涯学習分科会提出資料（令和6年7月4日）　筆者一部修正

能」が 42.4％、「②有資格者がいない」が 19.8％、「③各自治体の職務の級・職制上の都合」が 18.0％、「④有資格者を養成する予算がないため」2.5％という結果が出ている。都道府県レベルでも 2015（平成 27）年度の『社会教育調査』で社会教育主事は 100％設置されていたが、2021（令和 3）年度には、91.5％となっており、47 都道府県中 3 県が未設置となっている。

　社会教育主事の設置については、社会教育法第 9 条の 2 第 1 項で「都道府県及び市町村の教育委員会事務局に、社会教育主事を置く」となっているのにも関わらず、配置数が減少しているという状況である。

（2）入都当時、社会教育主事は行政内でマージナルな存在だった

　配置数が増えない理由は自治体ごとに異なるとは思うが、「（社会教育主事を）わざわざ配置するメリットがない」というのが自治体関係者のホンネだろう。事実、1993（平成 5）年度に私が社会教育職（社会教育主事補）として採用された際に、行政職の係長たちからは、「何でお前は社会教育主事で入ったんだ。あいつらは専門職だと言っているが、何の専門性もありはしない」とか、「本当の専門職というのは、弁護士とか医師とか難しい国家試験をパスして資格をとった人たちのことを言うのであって、社会

教育主事が専門職だなんてちゃんちゃらおかしい」などと罵詈雑言を浴びせられた。悲しいかな当時の社会教育主事の先輩方の働き方を見ていると、（ごく一部の人を除いて）それは否定できない事実でもあったのだ。私は最初に配置された職場が、行政職が幅を利かせている本庁（生涯学習部社会教育課）であったために、いろいろな試練（いまとなっては、よい経験）に直面することとなった。

　しかし、入職してすぐに行政事務職から厳しい洗礼を浴びせられたおかげで、私のマインドセットは大きく変わることとなる。「とにかく行政の仕事のスタイルをしっかり身に付けないと、この世界（本庁）では生きていけないし、自分の主張を通すことは難しい」と痛感したである。

　それから、私は「行政職員としての力量を兼ね備えた社会教育主事」になろうと考え、動きはじめた。仕事をしながら、自分が理解できないことは何でもすぐ事務職に聞くように心がけた。

　本庁の仕事は、予算をいかに確保するかが一番重要な仕事である。なぜなら、課の人員も予算の事業量から算出していくため、課の職員数を増やすためには、一定数以上の業務量を確保する必要があるからである。入都1年目の予算要求では、予算説明資料をつくってみたものの、軽微な事業の説明資料すら、生涯学習部（社会教育費）を担当する予算係の職員からダメ出しされるような状況だった。「自分の作成する資料は、事業に実態に即したものとなっているのに、なぜ予算担当者は理解を示してくれないのだろうか」と疑問に思って、同僚の社会教育主事に相談したが、誰一人私の質問に答えてくれる者はいなかった。先輩たちもおそらく経験則で乗り切っているだけで、予算要求の理論やスキルを身に付けていないことがよくわかった。

　「予算のことがわからないから、社会教育主事はダメだと言われているんだな」ということだけは理解した私は、それから自力で予算の勉強を始めた。当初の頃は「無理して理解しようなんて考えなくても自分たち行政事務職が予算要求をやるから大丈夫だよ」という声をかけていただいたこ

ともあった。

　しかし、「一般の行政職たちには簡単に理解できることが、なぜ社会教育主事の自分には理解できないのだろうか」という思いがあったため、解説書や専門書を独学で読んだ。行政用語にはなかなか馴染めなかったが、独学を進めていくうちに、ようやくおぼろげながら予算というものの輪郭が見えてきた。要は、予算要求作業というものは、形式知のやり取りで、しかも漸増主義[5]（または、増分主義、incrementalism）という原則に基づき、実施されているのだということを理解した。予算要求の構造が理解さえできれば、あとは比較的スムーズに理解が進んだ。実は組織定数要求も同じ構造で成り立っていることも理解できるようになった。要は行政職員の思考法さえ理解できれば、「専門性」という武器を使って行政事務職と対等以上の勝負ができるようになるのである。

(3) 行政職員としての社会教育主事を目指すきっかけとなったロールモデル

　予算要求の基本さえ理解できれば、あとは実践経験を積むだけである。そのようなことを考えていた入都2年目の夏に新たな課長が着任してきた。私は、その課長の薫陶を受けたおかげで、自らの行政実務能力及び政策形成能力を開花させることができた。その課長はなぜか私のことを気に入ってくれ、仕事でもめごとが生じた時や様々な交渉・折衝の場面に私を同席させてくれた。特別区教育長会、特別支援学校長会（当時は、盲・ろう・養護学校長会）、あとは教員組合専従の書記長とのやりとり、最後は特別支援学校の保護者たちとの懇談会まで、ありとあらゆる場に私を帯同してくれたのである。これは私にとって最高のOJTだった。外部との折衝が終わったあとは必ずさし飲みの機会が設定され、その日あった仕事の反省会がはじまる。私はそこで、疑問に思ったことを何でも課長に尋ねた。課長はつねに即答で理路整然と「なぜそうなるのか」と説明してくれるとともに、物事がどのようなカラクリで決まっていくのか、教科書には書いていない行政組織の暗黙のルールについても教えてくれた。この課長と一緒に仕事

をした1年半の間で、行政職員として手練手管を相当習得できたように思う。

　行政内での仕事の仕方がわかりさえすれば、その業務プロセスの中に社会教育の知見（専門性）を入れ込むことが可能となり、行政組織の中でも社会教育主事はきちんと仕事をこなせるようになるのである。この課長は私にとって都庁人として生きるためのロールモデルであった。課長が異動により職場を去ったあとも、「あの課長なら、いまどんなことを考え、行動するのか」と常に頭の中でのイメージを繰り返し、仕事を進めていくようになった。

　課長はそれだけでも大きな財産を私に与えてくれたのだが、加えて庁内の人脈づくりのきっかけをたくさん与えてくれた。そのおかげで、自分の仕事で困難が生じたとき、他部他課の管理職にも気軽に相談に乗ってもらうことができた。私は専門職でありながら、庁内にネットワークを広げていくことができた。その素地を作ってくれたのも、その課長である。

　こうした経緯もあって、行政事務職の中にあっても、きちんとやっていける自信がついた。行政の仕事の構造が理解でき、自分がやりたいこと、叶えたいことをどのような方法ならば実現できるのかをシミュレーションすることができるようになった。また、いくら自分一人が頑張っても、周りが自分と同じ問題意識に立ってくれなければ、何も実現しないことも理解できた。このようにして行政組織内部で社会教育主事のプレゼンス（存在感）を上げるための私の戦略が立てられるようになったのである。

　都道府県レベルの社会教育主事を広く見渡しても、私のような職務経験[6]を積んだ者はほとんどいないのではないか。他道府県の場合は、一般に教員籍からの社会教育主事への異動が多く、数年経てば、また学校に異動していくというジョブローテーションが組まれているのが一般的であり、行政職員としてのセンスを身に付けにくい状況に置かれている（それとともに腰かけ的意味合いで社会教育主事を経験する者も少なからずいるのではないか）。

（4）中教審は今後の社会教育行政にどのような展望を見出しているのか

　今後、社会教育行政はどのような方向に進んでいくのだろうか。2024（令和6）年7月から中教審生涯学習分科会で、文部科学大臣からの諮問事項「地域コミュニティの基盤を支える今後の社会教育の在り方と推進方策について」に関する審議を始めたことは先ほど紹介した。主な審議事項は①社会教育人材を中核とした社会教育の推進方策について、②社会教育活動の推進方策について、③国・地方公共団体における社会教育の推進体制等の在り方について、の3点である。

　この中で焦点が当てられているのが、社会教育人材の今後の養成、確保の在り方についてである。

　中教審への諮問に先立って2024（令和6）年6月に中教審生涯学習分科会社会教育人材部会が『社会教育人材の養成及び活躍促進の在り方について（最終まとめ）』（以下、社会教育人材部会報告という）を出している。その報告をまとめたのが、図表24である。

　図表24で描かれているように、社会教育の裾野が社会教育施設のみならず、行政の首長部局、企業やNPO、地域コミュニティそして学校へと広がっていくことは望ましいことである。また、人々のつながりが活性化することで社会関係資本（ソーシャルキャピタル）が形成され、それが社会の中の様々なセーフティネットとなり、人々の生活や暮らしを支えていくこと目指すということも、至極真っ当な議論である。そういった点からも社会教育士を目指そうという方々が増えていることは喜ばしいことである。

　しかし、肝心の社会教育行政では、社会教育主事はどのような位置付けを持つのであろうか。中教審社会教育人材部報告では、社会教育主事の役割を「地域全体の学びのコーディネーター」として、「学校教育（行政）をはじめ、首長部局が担う環境、福祉、防災、農山漁村振興、まちづくり等と社会教育（行政）をつなぐこと等により、社会教育行政の及び取組全

図表 24 社会教育の裾野の広がりと社会教育人材が果たすべき役割

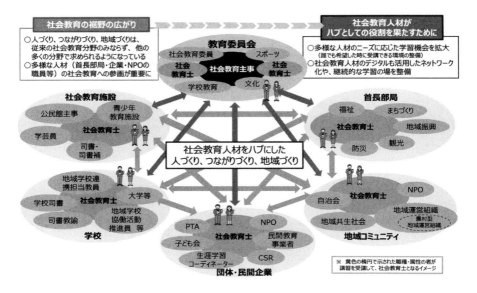

(出典) 中央教育審議会生涯学習分科会提出資料 (令和6年7月4日)

体を牽引し、地域全体の社会教育振興の中核を担う」としている。実際に、教育委員会事務局に配属されている社会教育主事にこのような役割が担えるのであろうか。

　実際の教育委員会の組織を考えてみると、社会教育主事が配置されているのは社会教育部門（都教委の場合は、教育庁地域教育支援部生涯学習課）であり、教育行政組織における優先順位は必ずしも高くはないのが実状である。

　図表25に都教委の組織図を示したが、実際の組織の力関係でいうと一番力をもっているのは、総務部であり、ついで都立学校教育部と人事部（ほぼ同列）、その後に指導部、グローバル教育推進部、地域教育支援部、福利厚生部と続くのである。

　教育委員会組織の中、枢要部門に位置付けられていない社会教育部門が、

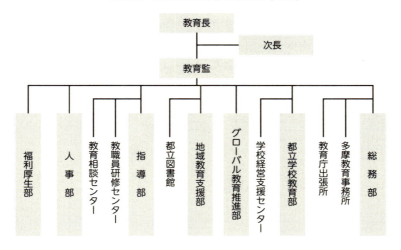

図表25　東京都教育委員会の組織図（2024）

(筆者作成)

中教審が指摘するような「地域全体の社会教育振興の中核を担う」ということが現実的に可能なのだろうか。私自身の東京都という巨大な行政組織の中での経験からは、その答えは「否」ということになる。

では、東京都という巨大組織の中で社会教育主事はいったいどのようにプレゼンスを発揮していけばよいか。本書で導き出した答えは「学校教育支援機能」を軸にして、その専門性を発揮するということになる。

(5) 学校教育支援機能を持った社会教育主事は何をすべきか

社会教育行政に「学校教育支援機能」が付加されたことにより、行政内部での社会教育主事の仕事、役割も当然に変わってくる。これは従来の社会教育主事論では、まったく触れられなかった役割である。

図表26は、中教審の資料として提示されたものであるが、社会教育主事に期待する役割について、社会教育主管課長が該当するもの3つに○（まる）を付けたものである。まず、注目すべきは、都道府県レベルの社

第6章　個に応じた支援を可能にする高校改革と社会教育主事の役割　　179

図表 26　社会教育主事に期待する役割

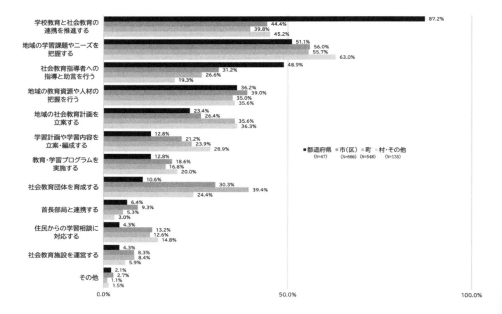

（出典）中央教育審議会生涯学習分科会提出資料（令和6年7月4日）

会教育主事に期待されているのは「学校教育と社会教育の連携を推進すること」であり、87.2% もの社会教育主管課長が期待しているということになる。これは、都道府県教委の方が国の施策の影響を受けやすいということと、公民館等の社会教育施設の設置は市町村教委の事務であるため、学校教育との連携に施策をシフトしやすいことなどが影響していると考えられる。

　このことは社会教育行政の学校教育支援機能の定着を考えていく上で、前向きな素材を提供してくれるように思える。しかし、学校教育と社会教育の連携をどのレベルまで想定しているかはこのデータからでは把握できない。今後は都道府県教委に対し、その内実を把握するための調査等を行い、実状を把握する必要がある。

さて都教委の社会教育主事の場合は、学校教育と社会教育の間にある既成の枠組みを乗り越え、学校教育の運営に浸透していく施策を打ち出してきた。別の言い方をすれば、社会教育行政が学校教育改革を進めるための役割を果たすところまでコミットしてきた。社会教育法第9条の3第2項に書かれている「学校の求めに応じた支援」の内容をより踏み込んで解釈しているのである。

　具体的には、生涯学習課が予算要求した事業、つまり社会教育振興費として措置された事業を2012（平成24）年2月の『都立高校改革推進計画・第一次実施計画』に入れ込み、都立高校改革のメニューとして位置付けたことであり、その後も高校改革に新たな施策を提案しつづけている。

(6) 社会教育主事に必要なのは、政策形成能力

　私が都教委で立案した新たな施策は、すべて社会教育事業（社会教育振興費）に位置付く事業として予算要求したものである。具体的には、①予算要求にあたっての事業スキームづくり、②予算の積算、③予算要求過程への関与、④フィージビリティスタディ（実現可能性調査）、⑤都立学校教育部高校改革推進担当との調整、⑥都立高校長への施策普及・ネゴシエーション、⑦予算措置確定後の事業実施計画の立案、⑧事業協力団体の開拓及び協力依頼、⑨実施校への事業の定着に向けた支援といった一連の取組を社会教育主事が中核となり進めてきたのである。

　社会教育行政が学校教育支援機能を持つと考えた場合、上記に挙げたプロセスすべてに関わらない限り、学校教育と社会教育の関係を変えていくことはできないと考えている。

　このような展望を描くうえで、社会教育主事の仕事で一番重要となってくるのは政策形成機能を持つことである。実際に政策の立案・形成を都教委内で具現化してきたからこそ、独自の施策展開を可能にすることができたのである。

　東京都以外の道府県では、社会教育主事に政策形成能力を求めるという

ことはいまのところ、ほとんど考えていないだろう。しかし、教育行政の専門職として培ってきた力をフルに発揮していくためには、社会教育主事自身が戦う武器を持たないといけない。その武器こそが、専門性に基づいた政策形成能力なのである。

政策形成能力といった場合、まず「政策とは何か」の定義が必要になる。政策とは「自治体の取り組みによって解決すべき問題は何か、自治体が解決（達成）しなければならない課題は何かを明確に示すことによって、具体的な行動プランである事業の方向性や狙いを表明したもの」とされる（真山 2001: 50）。

政策は、問題発見から問題解決まで、それらの対応内容を時系列で整理した場合に、「課題設定（agenda setting）」「政策立案（policy making）」「政策決定（policy decision）」「政策実施（policy implementatoin）」「政策評価（policy evaluation）」に分けられ、この順序でステージが進むとされる。これら一連のプロセスを政策過程と呼ぶ。

政策形成能力とは「課題設定および政策立案までの一連のプロセス、そして決定プロセスにおいて立案した政策案が採択されるように働きかけることを指し、それらの取組みにおいて必要とされる能力」のことである（出寺 2024）。

(7) 社会教育主事は「社会教育行政の専門職」である

社会教育主事は、社会教育の専門職なのか、社会教育行政の専門職なのかと問われたら、私は間違いなく社会教育行政の専門職であると考えている。

もちろん、社会教育主事の有資格者を社会教育施設に配属するケースがある。それを否定するわけではないが、法律の条文に照らして素直に考えてみれば、教育委員会の事務局に置かれるのが社会教育主事なのである。

社会教育主事の専門性は、日高幸男の 4P 論（プランナー、プロデューサー、プロモーター、プログラマー）や小山忠弘の 4C 論（コミュニティ・オーガナ

イザー、コンサルタント、コーディネーター、カウンセラー）などといった形で紹介されてきた。

　また、社会教育主事養成等の改善・充実に関する検討会『社会教育主事養成の見直し関する基本的な考え方について』（平成29年8月）では、社会教育主事に必要な資質・能力を「人と人、組織と組織をつなぐコーディネート能力」「人々の納得を引き出すプレゼンテーション能力」「人々の力を引き出し、主体的な参画を促すファシリテーション能力」として整理した。

　しかし、この検討会でも、社会教育主事が教育委員会事務局に配属される職員という立場で、何のために、何を実現するためにその役割を果たさなければいけないのか、その肝心な目的が触れられていないように思う。

　社会教育法第3条第1項では国及び地方公共団体の任務として「すべての国民があらゆる機会、あらゆる場所を利用して、自ら実際生活に即する文化的教養を高め得るような環境を醸成するように努めなければならない」と指摘されている。これは社会教育の「環境醸成」任務と言われているものである。これを読んだからとて、社会教育主事の役割とは何かが見えてくるわけではない。

　視点を変えてみると、社会教育主事は教育委員会事務局という行政組織の一員である。組織の一員であるということは、教育委員会組織の中で、どのような職層に位置付けられるのか、これは社会教育法のどこを読んでも書いていない。ただ、社会教育主事補は、社会教育主事の職務を助けると書いてある（社会教育法第9条の3第3項）ので、社会教育主事補の上位職であることはわかる。役所ごとに独自に社会教育主事の位置付けを行政組織の中でどの役職・階級に位置付けるかを決めなければ、社会教育主事の位置付けについて自治体行政組織の中で説明できなくなってしまう。

　東京都の場合、社会教育主事は課長代理級（係長級）の職員（3級職）として位置付けられ、教育公務員特例法の適用を受けるとしている。社会教育主事補は、その下の主任（2級職）及び主事（1級職）として位置付けら

れ、東京都人事委員会が指定する「社会教育職」として位置付けられる。加えて、社会教育主事には、課長級（4級職）の主任社会教育主事というポストが用意されている。

　そのように、役職・階級が各々の自治体の中で決まることによって、ようやくその階層に応じた仕事が位置付けられることとなる。東京都の場合、社会教育主事は課長代理級の職層に位置付くことになるため、行政組織の中堅職員としての役割が組織から期待されることとなる。

　そこで私は、職場の上司や同僚から「教育行政組織の中に必要欠くべからざる本当の専門職」だと認めてもらえるように、職務を通じて成果を上げるとともに、管理職（課長）級の専門職（主任社会教育主事）になる道を何のためらいもなく選ぶことにした。事実、課長級に昇任してからの方が教育長をはじめとした幹部職員にも直接自分の考えを伝えることができたし、何よりも人事にも一定程度意見できる立場を得たことは非常に大きかった。

　事実、私が主任社会教育主事になってから、4名の課長代理級の社会教育主事を採用することができたし、そのうちの1名は新たな定数として配置させることができたのである。

　手放しで喜べる成果とまでは言えないものの、行政事務職を相手に対等以上の関係を築き、都教委の組織内に信頼のネットワークを獲得してきたことが、生涯学習課の事業内容を充実させ、相応の事業費（予算）も獲得することができた。その取組があったからこそ、社会教育主事の定数を守られ、何とか増員させるところまで到達できたのである。加えて、60名を超えるYSWの定数も確保することができたのである。

　本書で述べた都教委の取組事例からもわかるように、社会教育行政の基盤をつくり、発展させていくために社会教育主事は、行政職としての政策形成能力を兼ね備えた専門職となる必要があり、そのことを視野に入れた養成の在り方を今後検討すべきであると考える。

3 教育関係者の間で「学習する組織」、「実践コミュニティ」をつくる

　本書は、いうなれば自立支援チームそして YSW をいかにして東京都の社会教育主事が生み出していったのか、そのアクション・リサーチの記録であるということもできよう。
　アクション・リサーチの目的とは「現下に差し迫った喫緊の問題状況に置かれた人々の実際的な問題解決に貢献すると同時に、社会科学のさらなる発展に寄与する知見を得ること」であると言われている。また、研究者と実務家が問題状況を生み出しているシステムを研究し、変革することで、そのシステムの望ましい方向性をともに学ぶという共同学習的要素をも持ち合わせている（経営行動科学学会編 2011: 75-77）とも表現されている。
　教育行政の専門的職員である社会教育主事が、教育行政の中に身を置きながら、時には研究者の視点から、時には実務家の視点から、試行錯誤しながら社会教育行政をどのように再構築してきたかを本書では描こうとしたのである。
　実践が知識を生み出し、新たな知識がさらなる実践の地平を拓くというプロセスの繰り返しの一つの到達点が、自立支援チーム派遣事業であり、YSW である。そこには、いつも「社会教育的発想（ここでは、子ども・若者の自己形成への支援・援助）から見ると、現実世界の問題（ここでは、学校という制度を取り巻く問題）がどのように見えるのか、その問題をどのような方法で解決していくのか」という問いがあった。
　現時点で、確実に言えることは、これまでの学校教育行政を中心とした教育行政は、サプライサイド（供給者側）の論理を中心に構築・展開されてきており、その限界が見えてきたように考える。少なくとも社会教育行政のスタンスはディマンドサイド（需要者側）つまり、子ども・若者の気持ちや置かれている社会的状況を把握・理解した上で、そこから問題解決

策を組み立てていくということが求められる。

そういう意味では学校教育絶対主義から学校教育相対主義への転換が必要となってくる。

筆者は、無論、学校や教員が不必要だなどとは全く考えていない。しかし、これまでの発想法（例えば、児童・生徒に規範意識を持たせるとか、学力をつけさせる）の抜本的見直しが求められており、社会教育的視点、換言すれば、子ども・若者の自己形成を援助するという視点からのアプローチの重要性を、教員及び教育行政担当者が理解し、行政施策を組み直す作業こそ求められているのである。そしてその上で、学校教育の役割とは何かを位置付け直すとともに、学校教育中心的な発想を改める必要がある。論理的・効率的な考え方から見ると、一見ムダと思えるような取組にこそ、子ども・若者たちの成長、そして自己形成にとって不可欠な要素が含まれていることを認識すべきである。教育行政は、そのことを実現できる行政である。

そのような「気付き」がたくさん起きる場に、教育行政も学校も変わっていく必要がある。そのキー・コンセプトとなるのが「学習する組織（learning oganization）」（P. センゲ 1990）であり、「実践コミュニティ（communitiies of practice）」（E. ヴェンガー他 2002）といった考え方であろう。

教育行政の専門的職員としての社会教育主事に求められるのは、政策形成能力に加え、上記のような学習の組織者であり、コーディネーターとしてのスキルとなるであろう。

■注
1　東京都教育委員会『令和5年度　児童生徒の問題行動・不登校等生徒指導上の諸課題に関する調査』より
2　サポートプランでは夜間定時制課程にした生徒のうち勤労青少年の割合は、昭和40年度には88.3%であったが、令和5年度は約3%であるとしている。

3　社会教育主事講習のスタイルのバリエーションが進み、リモートで受講できる形や社会教育士養成講座を名乗り、現役社会人を対象とした講座も出てきている
4　1999年から始まった平成の大合併により、1999年は3,229あった市町村が2006年には1,821と約2分の1となった（横道清孝 2006）。
5　予算のインクリメンタリズム（漸増主義）は、リンドブロムが提唱した考え方で、政策決定が前例を前提として、わずかに変化を遂げながら、進化していくことをいう（リンドブロム・ウッドハウス 2004: 39）
6　東京都の場合、社会教育職を学卒（採用は、社会教育主事補）で専門職採用してきた経緯がある。専門的教育職員としての社会教育主事になるためには、課長代理級（旧係長）選考に合格する必要がある。採用以降一貫して社会教育職として処遇されるため、専門性を蓄積・発揮できる機会には本来恵まれているはずである。しかし、社会教育主事補として採用された現在の社会教育職たちが最初に配置された職場が社会教育施設（青年の家）であった。しかもそこに長く配置されていたのち、青年の家や都立多摩社会教育会館事業係の廃止等により、全員本庁に異動するという経緯だったこともあり、本庁の社会教育主事ではなく、社会教育施設の専門職と同じように、自分の役割を考えている者が多い。そのため、行政職員としての力量形成が必要であるという問題意識をもつまで到達している者は少ない。2022（令和4）年度以降、28年ぶりに社会教育職が採用されることとなった（令和4年度2名、令和5年度1名、令和6年度1名の計4名が新たに採用された）。それらの者は課長代理級の職員（つまり、社会教育主事）としての採用となったため、今度はいきなり行政職としての力量が試されるという状況に置かれている。

おわりに

　この本を執筆したいと考えた理由は三つある。一つは、YSW そして自立支援チーム派遣事業が社会教育の施策として制度化された経緯や考え方を記録として残しておきたかったことである。二つは、教育行政で働く社会教育主事たちに、私が培ってきたスキルの内実を伝えたいと考えたことである。三つは、教育行政職員（正確には元職員）の立場から現行の教育改革論に一石を投じたいと考えたことである。

　私が東京都教育庁の中で目指してきたのは、行政職員としての政策形成能力を兼ね備えた専門的教育職員（社会教育主事）になることであった。行政内部から新たな施策を構築していくためには、①国の政策動向、②首長の施政方針、③施策の対象となる現場（子ども・若者、学校現場）のニーズに加え、④社会教育主事としての専門性の４つの視点を持つ必要があると考えている。

　①と②の視点は、言い換えれば、政治の文脈を読み解く力である。それは、行政の内部に生ずる力学を構造的に把握する力ともいえる。P．センゲのいう「システム思考」ができるようになることである。そこで求められるのは、行政として具現化が必要な施策を形成するための糸口を見つけようとする姿勢と、その糸口から施策に転化するための具体的戦略を指し示すことである。

　社会教育学の研究者たちにとって、東京都の社会教育行政の取組は、1980 年代以降批判の対象でしかなかった。行政の外に身を置く研究者たちにとって、行政のあり方を「批判する」「チェックする」ということは重要な社会的役割であろう。しかし、その批判の的となっている行政組織の内部にも、「この状況を何とかしなければならない」と思い考え、日々格闘している職員たちは確実に存在している。そのような良心的行政職員

の取組をフォーカスし、鼓舞し、サポートする研究者も必要なのではないか。

　現在、社会教育学研究の分野では、社会教育士に関する関心が高まっている。中央教育審議会生涯学習分科会においても社会教育人材養成のあり方が活発に議論されている。そのこと自体、喜ぶべきことである。しかし、そこで展開される議論は、社会教育を様々な行政分野に拡散することを目指している。

　しかし、社会教育法に基づき、制度としての社会教育（つまり、教育行政の制度の中に社会教育行政が位置付いている）が存在しているからこそ、社会教育という行政領域が成り立つのだと私は考えている。現在の社会教育士をめぐる議論で心配になるのは、その根幹となる社会教育行政の役割をどのように盤石なものにしていくかという方向での議論が見えてこないのである。そうなった場合、「庇を貸して母屋を取られる」という状況になりはしないかと危惧している。

　私は、東京都という巨大な行政組織の中で、教育部門の片隅に置かれている社会教育行政に身を置きながら仕事をしてきた。そのような経験があるからこそ、社会教育行政の存在感を示すための方策が必要なことを痛感している。社会教育士の活用により社会教育の守備領域を広げていくこととともに、社会教育行政がよって立つ基盤を盤石にしていく作業を進める姿勢が研究者にとって不可欠なのではないだろうか。

　私が考えていることは、まず「社会教育」と「社会教育行政」の役割を基本的には別のものとして扱うべきだということである。広義の社会教育は、市民のニーズが多様化・複雑化していく中で、従来の行政システムでは対応できず、個別化・細分化する行政施策が生み出す小さな施策の隙間を市民の力で横串しにするための方策を考える。その一方で、社会教育行政（狭義の社会教育）は、教育行政の一翼を担い、教育基本法第13条が掲げた趣旨の具現化を目指す。つまり、地域教育プラットフォームづくりを都道府県、市区町村、学校区といった様々なレベルで展開し、学校制度

が時代に対応した制度に転換していくための支援（学校教育支援）を行う。学校絶対主義を排し、学校相対主義の考え方の下で、次代を担う子ども・若者を育成・支援するための施策を展開していくのである。その中核的役割を担うのが教育行政の専門的職員である社会教育主事なのである。置かれている状況は困難であるが、今後は研究職としての自分の役割を認識し、着実な一歩を進めていきたい。

　本書で記したような、私の問題意識を喚起してくれた東京都教育庁の先輩・同僚たちに心より感謝申し上げる。ここで一人ひとりのお名前を挙げることはできないが、タレント性の高い知事を迎え、ポピュリズムが横行する都政の中にあって、行政職員としての矜持（きょうじ）とは何かを身をもって教えていただけた上司、諸先輩、同僚に感謝する。私にとって東京都の職員であった経験は何事にも代えがたい貴重な財産となっている。

　また、社会教育研究の分野でも、私のような者に居場所を与えてくれた先生方にも感謝している。まず、東京学芸大学大学院の修士課程の指導教官だった小林文人先生（東京学芸大学名誉教授）である。小林先生には『大都市・東京の社会教育　歴史と現在』（エイデル研究所刊）で、1979年（鈴木俊一都政の誕生）以降の東京都の社会教育行政史をまとめる機会をいただいた。これを執筆したことがきっかけとなり、社会人院生の道を踏み出すことができた。そして、早稲田大学大学院教育学研究科博士後期課程の指導教官である矢口徹也先生（早稲田大学総合科学教育学術院教授）である。矢口先生は、私の問題意識に熱心に耳を傾けていただくとともに、歴史からものを見ることの重要性を教えていただいた。

　私の行政職員としての力量を高めていく上で、様々な御指導をいただいたのが大橋謙策先生（元日本社会事業大学学長）である。大橋先生は、東京都生涯学習審議会の会長という立場から、社会教育行政が置かれている状況をよく理解してくれた上で、社会教育主事たちが10年先、20年先を見据えた仕事ができるよう貴重なアドバイスをいいただけた。

　また、社会教育学研究の立場からは、大橋先生の後の東京都生涯学習審

おわりに　　191

議会会長をお引き受けいただいた笹井宏益先生（玉川大学特任教授）、初期の頃の審議会の副会長として理論的にサポートしていただいた田中雅文先生（日本女子大学名誉教授）、そして、社会教育主事の先輩という立場から私のよき理解者として、いつも陰からアドバイスをいただいたのが廣瀬隆人先生（元宇都宮大学教授）である。

そして、同じ研究室で、社会人という立場で仕事と研究を両立してきた新井浩子先生（常葉大学講師）、堀本麻由子先生（東洋大学准教授）には、ホンネで話し合える仲間として、さまざまなサポートをいただいた。

また、私の問題関心を深めるきっかけを与えてくれた多くの人たち（NPOのスタッフ、企業CSRの担当者のみなさん、地域で献身的に子どもたちをサポートしてくれる方たち、生涯学習審議会委員を心よく引き受けてくれたみなさま、そして都立学校「自立支援チーム」を支えてくれたYSWや生涯学習課の職員の方たち等）にも感謝申し上げる。私が尊敬するジャーナリスト斎藤茂男氏の著書に『事実が私を鍛える』というものがある。私はみなさんとの出会いを通じて、様々な事実に触れることで、自分の問題意識を深めることができたように思う。

最後に、本書を執筆する機会を与えてくれた小林英義先生（元東洋大学教授）そして生活書院の髙橋淳氏に心から感謝申し上げる。

2025年1月

梶野光信

［初出一覧］

第1章　書き下ろし
第2章　書き下ろし
第3章　書き下ろし
第4章　「高校生の『社会的・職業的自立』を支援する教育行政の役割
　　　　　──都立学校『自立支援チーム』派遣事業が目指すもの」日本社会教育学会編『子ども・若者支援と社会教育』東洋館出版社、2017年、pp.169-178を加筆修正
　　　　「都立学校『自立支援チーム』派遣事業担当者から見た都立高校の課題」磯村元信編『「困った生徒」の物語　リアルな教育現場をのぞく』2024年、新評論、pp.212-230
第5章　書き下ろし
第6章　書き下ろし

[引用・参考文献]

秋吉貴雄・伊藤修一郎・北山俊哉編『公共政策学の基礎（第3版）』有斐閣、2020年

朝比奈なを『ルポ教育困難校』朝日新聞出版、2019年

居場所カフェ立ち上げプロジェクト編『学校に居場所カフェをつくろう！――生きづらさを抱える高校生への寄り添い型支援』明石書店、2019年

磯村元信『さらば学力神話――ぼうず校長のシン教育改革』新評論、2023年

磯村元信編『「困った生徒」の物語――リアルな教育現場をのぞく』新評論、2024年

生田周二・大串隆吉・吉岡真佐樹『青少年育成・援助と教育――ドイツ社会教育の歴史、活動、専門性に学ぶ』有信堂高文社、2011年

生田周二『子ども・若者支援のパラダイムデザイン――第三の領域と専門性の構築に向けて』かもがわ出版、2021年

井寺美穂「政策形成能力の育成――自治体行政の視点」自治大学校、2024年

乾彰夫「学校から仕事への移行期間延長と青年期研究の課題」一般社団法人日本発達心理学会『発達心理学研究』第27巻4号、2016年

イヴァン・イリイチ（東洋・小沢周三訳）『脱学校化の社会』東京創元社、1977年

太田肇『囲い込み症候群――会社・学校・地域社会の組織病理』筑摩書房、2001年

大村隆史「『社会事業的社会教育』論の系譜と論点――社会連帯的社会事業の理論的課題」香川大学地域人材共創センター研究報告（第28号）、2023年

小川利夫編『講座現代社会教育Ⅰ　現代社会教育の理論』亜紀書房、1977年

小川利夫『青年期教育の思想と構造――青年期教育史論』勁草書房、1978年

小川利夫『教育福祉の基本問題』勁草書房、1985年

小川利夫・新海英行編『近代日本社会教育論の探究――基本文献資料と視点（『社会教育基本文献資料集成別巻』）』大空社、1992年

小川利夫・高橋正教編『教育福祉論入門』光生館、2001年

小野善郎・保坂亨編『移行支援としての高校教育――思春期の発達支援からみた高校教育改革への提言』福村出版、2012年

小野善郎・保坂亨編『続 移行支援としての高校教育――大人への移行に向けた「学び」のプロセス』福村出版、2016年

小野善郎・保坂亨編『続々　移行支援としての高校教育――変動する社会と岐路に立つ高校教育の行方』福村出版、2023年

香川めい・児玉英靖・相澤真一『〈高卒当然社会〉の戦後史――誰でも高校に通える社会は維持できるのか』新曜社、2014年

梶野光信「東京都における行財政改革の進行と社会教育行財政――職員の立場から」日本

社会教育学会編『地方分権と自治体社会教育の展望』東洋館出版社、2000 年、pp.121-132

梶野光信「子ども・若者を支援する行政との連携・協働の課題」田中治彦・萩原健次郎編『若者の居場所と参加　ユースワークが築く新たな社会』東洋館出版社、2012 年、pp.210-230

梶野光信「教育支援コーディネーターと社会教育主事の連携による教育コミュニティの創造」日本社会教育学会編『地域を支える人々の学習支援――社会教育関連職員の役割と力量形成』東洋館出版社、2015 年、pp.64-74

梶野光信「通史Ⅱ　東京都の社会教育行政史――生涯教育・生涯学習施策の登場以降」東京都社会教育史編集委員会（小林文人編集代表）『大都市　東京の社会教育史　歴史と現在』エイデル研究所、2016 年

梶野光信「都立高校生の『社会的・職業的自立』を支援する社会教育行政の役割――都立学校『自立支援チーム』派遣事業が目指すもの」日本社会教育学会編『子ども・若者支援と社会教育』東洋館出版社、2017 年、pp.169-178

川本宇之介『デモクラシーと新公民教育』中文館、1921 年

岸本幸次郎「社会教育における指導行政」日本教育行政学会編『日本教育行政学会年報第 5 号　教育における指導行政』教育開発研究所、1979 年、p.33

倉石一郎「『教育機会確保法』から『多様な』が消えたことの意味――形式主義と教育消費者の勝利という視角からの解釈」『教育学研究』85 巻 2 号、2018 年、pp.150-161

経営行動科学学会編『経営行動科学ハンドブック』中央経済社、2011 年

（独法）国立青少年教育振興機構『高校生の社会参加に関する意識調査報告書――日本・米国・中国・韓国の比較』2021 年

埼玉県教育委員会『高校中途退学者追跡調査報告書（平成 22 年度実施）』2010 年

佐々木信夫『都庁　もうひとつの政府』岩波書店、1991 年

佐々木信夫『東京都政　明日への検証』岩波書店、2003 年

佐々木信夫『都知事　権力と都政』中央公論社、2011 年

定野司『自治体の財政担当になったら読む本』学陽書房、2015 年

柴野昌山『現代の青少年――自立とネットワークの技法　改訂版』学文社、1990 年

柴野昌山『青少年・若者の自立支援――ユースワークによる学校・地域の再生』世界思想社、2009 年

志水宏吉『二極化する学校――公立校の「格差」に向き合う』亜紀書房、2021 年

神野直彦『増補　教育再生の条件――経済学的考察』岩波書店、2024 年

高田一宏『新自由主義と教育改革――大阪から問う』岩波書店、2024 年

高橋正教「『社会と教化』誌にみる 1920 年代初期の社会教育思想」新海英行編『現代日本社会教育史論』日本図書センター、2002 年、pp.37-53

丹田桂太「社会教育研究において『青年』はどう捉えられてきたのか」『東京大学大学院教育学研究科紀要』第 59 巻、2019 年、pp. 187-196
建石一郎『福祉が人を生かすとき——落ちこぼれたちの勉強会』あけび書房、1989 年
中央教育審議会『新しい時代に対応する教育の諸制度の改革について（答申）』1992 年
中央教育審議会『新しい時代にふさわしい教育基本法と教育振興基本計画の在り方について（答申）』2003 年
中央教育審議会『今後の学校におけるキャリア教育・職業教育の在り方について（答申）』2011 年
中央教育審議会『チームとしての学校の在り方と今後の改善方策について（答申）』2015 年
中央教育審議会『「令和の日本型学校教育」の構築を目指して（答申）』2021 年
辻浩『現代教育福祉論』ミネルヴァ書房、2017 年
寺中作雄『社会教育法解説』社会教育図書、1949 年
東京都『子供・若者計画（第 2 期）』2020 年
東京都教育委員会『調査月報』第 43 号、1954 年
東京都教育委員会『都立高校改革推進計画』1997 年
東京都教育委員会『都立高校改革推進計画　新たな実施計画』2004 年
東京都教育委員会『都立高校と生徒の未来を考えるために——都立高校白書（平成 23 年度版）』2011 年
東京都教育委員会『都立高校改革推進計画・第一次実施計画』2012 年
東京都教育委員会『都立高校中途退学者等追跡調査報告書』2013 年
東京都教育委員会『都立高校改革推進計画・新実施計画』2016 年
東京都教育委員会『不登校・中途退学等対策検討委員会報告書』2016 年
東京都教育委員会『都立高校改革推進計画・新実施計画（第二次）』2019 年
東京都教育委員会『都立高校の魅力向上に向けた実行プログラム』2023 年
東京都生涯学習審議会（第 5 期）『子ども・若者の「次代を担う力」を育むための教育施策のあり方について——「地域教育プラットフォーム」構想を推進するための教育行政の役割（答申）』2005 年
東京都生涯学習審議会（第 9 期）『今後の教育環境の変化に対応した地域教育の推進方策について——地域教育プラットフォーム構想の新たな展開（建議）』2016 年
東京都生涯学習審議会（第 11 期）『東京都における今後の青少年教育振興の在り方について——ユニバーサル・アプローチの視点から（建議）』2021 年
土井隆義『「個性」を煽られる子どもたち——親密圏の変容を考える』岩波書店、2004 年
内閣府『高校生活及び中学生生活に関するアンケート調査（高等学校中途退学者及び中学校不登校生徒の緊急調査）報告書』2009 年
内閣府「若者の意識に関する調査（高等学校中途退学者の意識に関する調査）」2011 年

中原淳、金井壽宏『リフレクティブ・マネージャー―――一流はつねに内省する』光文社、2009 年
日本教育社会学会編『教育社会学事典』丸善出版、2018 年
日本財団「18 歳意識調査　第 20 回　社会や国に対する意識調査」2019 年
日本社会教育学会編『現代社会教育学事典』東洋館出版社、2024 年
乗杉嘉壽『社会教育の研究』同文館、1923 年
林部一二『学校教育と社会教育――学社連携の理念と運営』明治図書、1976 年
フランツ・ハンブルガー（大串隆吉訳）『社会福祉国家の中の社会教育――ドイツ社会教育入門』有信堂高文社、2013 年
馬場幸子『学校現場で役立つ「問題解決型ケース会議」活用ハンドブック』明石書店、2013 年
広井良典『持続可能な福祉社会――「もうひとつの日本」の構想』筑摩書房、2006 年
久田邦明『かながわ子ども居場所づくりノート』(社) 神奈川県青少年協会、2006 年
福間良明『「勤労青年」の教養文化史』岩波書店、2020 年
堀有喜衣『高卒就職指導の社会学』勁草書房、2016 年
松下圭一『社会教育の終焉』筑摩書房、1985 年
松丸修三・渡辺弘編『「援助」としての教育を考える』川島書店、1994 年
松田武雄「乗杉嘉壽の教育改革論の検討」『九州大学大学院教育学研究紀要』、第 3 号（通巻第 46 集）、2000 年、pp.1-21
松田武雄『近代日本社会教育の成立』九州大学出版会、2004 年
松田武雄編『新版　現代の社会教育と生涯学習』九州大学出版会、2015 年
真山達志『政策形成の本質――現代自治体の政策形成能力』成文堂、2001 年
宮原誠一編『社会教育』光文社、1950 年
宮原誠一『青年期の教育』岩波書店、1966 年
水野篤夫・遠藤保子「ユースサービスの方法とユースワーカー養成のプログラム開発――ユースワーカー養成に関する研究会の議論から」立命館大学人間科学研究所『立命館人間科学研究』第 14 号、2007 年、pp.85-98
宗像誠也『教育行政学序説』有斐閣、1954 年
宗像誠也『教育と教育政策』岩波書店、1961 年
両角達平「高まる社会参加の意識　発揮できない影響力――日本の若者は自分本位なのか」（独法）国立青少年教育振興機構『高校生の社会参加に関する意識調査報告書――日本・米国・中国・韓国の比較』2021 年、pp.75-82
文部科学省『生徒指導提要（改定版）』2022 年
柳治男『学級の歴史学――自明視された空間を疑う』講談社、2005 年
吉田昇「社会教育法制の基本問題」吉田昇編『社会教育法の成立と展開（日本の社会教育

第 15 集)』東洋館出版社、1971 年

リンドブロム、チャールズ・E＝エドワード・J.ウッドハウス／藪野祐三・案浦明子訳『政策形成の過程——民主主義と公共性』東京大学出版会、2004 年

レイ・オルデンバーグ『サードプレイス——コミュニティの核になる「とびきり居心地よい場所」』みすず書房、2013 年

鷲田清一『「待つ」ということ』角川書店、2006 年

渡辺弘編『「援助」としての教育の系譜——近世から現代まで：その思想と実践』川島書店、1997 年

Cohen,Michael D., James G.March and Johan P.Olsen, "A Garvage Can Model of Oganizational Choice," *Administrative Science Quartarly*, 17, 1972, pp.1-25

資料

1　ユニバーサル・アプローチを実現していくために（笹井宏益×酒井朗）
2　ヨーロッパのユースワークに見るこれからの青少年教育（両角達平）

1 ユニバーサル・アプローチを実現していくために

笹井宏益＊×酒井朗＊＊

　第 11 期東京都生涯学習審議会の笹井宏益会長（玉川大学特任教授）と酒井朗副会長（上智大学教授）をお迎えして、第 11 期建議の持つ意義、今後の課題、行政として必要な取組等について、お話しいただきました。（進行：梶野光信）

梶野： この度は第 11 期東京都生涯学習審議会の建議をとりまとめいただきまして、ありがとうございました。今回は、改めて、この建議についてお二人の先生方からお話を聞かせていただきたく、座談会という場を設けさせていただきました。よろしくお願いいたします。

　早速ですが、笹井会長から、社会教育・生涯学習という視点から、建議についての評価をお聞かせいただけないでしょうか。

笹井： 青少年教育は、従前から、社会教育の一つの分野として展開されてきましたが、バブル経済が崩壊して以降、青少年を取り巻く経済や社会が大きく変わってしまいました。その中で、彼ら彼女らはどのように生き、どのように自身のキャリアを創出していくのか、とても戸惑いがあるのではないかと思います。そうした青少年に対して、社会教育行政としてのサポートの在り方を抜本的に見直す必要があるのではないかと考えています。この建議は、そこに応える形で、的確な方向性を示すことができたと考えています。

　例えば、以前はネガティブな評価がなされていた「モラトリアム」という概念ですが、意思決定を延ばすということについて、現在では、「それはそれでいいのではないか」と、捉え方も変わってきているように思います。

　青年期というのは、もっと迷って考えて、チャレンジして、失敗したらまたチャレンジしてという試行錯誤が必要であり、今の社会状況の下では、青少年は、成人との間を行きつ戻りつしながら成長していくというふうに捉えることが必要だと思います。こうしたことを踏まえ、青少年に対して、特定の価値規範を当てはめ、「青少年はこういうふうに成長していくべきだ」とするこれまでの青少年教育の在り方が、どこまで有効なのかを考えてみる必要があると思っています。

　建議では、ユニバーサル・アプローチという考え方を打ち出しています。今まで、青少年に対する施策というのは、ひきこも

りや不登校など様々な課題を抱えている青少年に対して、それぞれ個別にターゲットを定めてアプローチをしていく、いわゆるターゲット・アプローチが主流でした。そうしたターゲット・アプローチは必要ですし今後も重要なのですが、青少年による社会への関わり方が全体としてモラトリアム的になってきいることに加え、いつ困難さを抱えてもおかしくないような問題状況を抱えている青少年も少なくない現状を考えると、行政の側において、総合的包括的な視点から施策を立案する必要があるのではないかと考えました。そうしたアプローチが、ユニバーサル・アプローチです。そうした方向性を明確に示しているという点で、このたびの建議は、一歩進んだものになっていると思います。

梶野：ありがとうございます。では、酒井副会長は、学校教育に視点をおいて、教育社会学の研究者という立場からの評価をお聞かせいただけますでしょうか。

酒井：第一に、今の社会では青年期から成人への移行は大変困難だということを前提に考えたのは大事な点だと思います。職業も非常に変動して、高校出て就職してもすぐに離職して、転職する人が多くなっています（※図「初職が正社員であった高校就職者のその後の就職状況(20代後半時点)」参照）

流動的なキャリアを歩む人が増え、青少年が大人になる過程が非常に困難になっている状況において、全ての青少年を対象にして考えるユニバーサル・アプローチという考え方は大変重要です。

学校では不登校の子供が年々増加しており、小学校低学年でのいじめも増えていま

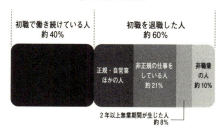

図　初職が正社員であった高校就職者のその後の就職状況(20代後半時点)」

(参考)リクルートワークス研究所「高校生の就職とキャリア」2021年、p.5

す。対人関係でつまずいてしまう子供たちがとても多いという課題がある中で、人間関係を学ぶ、体験する場が必要だと思います。そうした意味で、学校以外の場で、社会教育において様々な体験の機会を提供していこうという視点は評価できます。

ほぼ全ての人々が中学校卒業後、高校に進学する中で、いま通信制高校に通う青少年が非常に多くなっています。つまり、従前の学校教育の枠組みにとらわれない形で教育を受けている高校生がたくさんいます。その中には過去に不登校だった者も多く、社会経験も乏しくなりがちです。また、単位制高校や定時制高校などに通う青少年は、学校に行く以外の時間的余裕がかなりありますが、その時間を有効活用できていない可能性もあります。こうした者に、様々な学び・体験の機会を提供してくれるというのは有り難い提案です。

それから、選挙権年齢が18歳に引き下げられたことで、高校3年生に選挙権が与えられるようになりました。18歳でも大人になることがある程度期待されているわ

けですが、学校の中だけでは、「大人への なり方」をなかなか学べないという課題も あります。

　そうした中で、社会教育を通じて、高校 生が政治に関心を持ったり、社会的な問題 に関心を持ったりするということができる のであれば、とても意義深いことと思いま す。子供の自主性を尊重しての活動の場が、 社会教育の場で実現されるのであれば、そ れは大変有効だと思っています。

　青少年の自立に向けて、学校教育だけで はできない部分をどう補完するのかという 観点が重要になってきていると思うのです が、社会教育行政が積極的にユニバーサ ル・アプローチとして補完していただける というのは、非常に有り難いと思います。

梶野：ありがとうございます。では次に、 建議では十分に触れられなかったことや、 課題として残ったことはどのようなことで しょうか。

笹井：一つは、施策としての枠組みと内容 だと思います。学校教育は、指導行政、す なわち学習指導要領に基づく指導が大きな 行政の柱になるのですけれども、社会教育 行政は基本的に条件整備が柱ですよね。そ うした社会教育行政という枠の中で、多様 な個性やバックグラウンドを持つ青少年に どうアプローチしていくのか、言い換える と、ユニバーサル・アプローチの具体的な 中身をどのように作っていくのかというこ とが、これからの課題だと思います。二つ 目は、高度情報社会の中で、青少年の間で はメディアを介したコミュニケーションが 主流になっていますが、我々の世代は、対 面でのコミュニケーションが主流でした。

教育作用というのは、言うなれば、ある種 のコミュニケーション作用と言うことがで きますが、世代間のコミュニケーションス タイルの違いや価値意識のギャップみたい なものを、どのように克服し、良い方向に つなげていくのかということが、これから の課題だと思います。

　現代社会において、青少年教育施設とい う場に青少年を集めて教育を展開する、あ るいは青少年教育団体という組織への参画 を通じて教育を展開する、という従来型の 青少年教育のアプローチでは、なかなかう まくいかない部分があることも確かです。 そこをカバーしていくためには、青少年と 社会との間に割って入り、それらの関係が より良いものになるように、柔軟かつダイ ナミックにサポートする青少年教育の担い 手が必要です。そうした青少年教育の担い 手に着目した新たな施策を開発し、従来型 の施策とタイアップさせていくことがとて も大切だと考えています。

酒井：一つは、ユニバーサル・アプローチ はすべての青少年を対象にしますが、グル ーピングは必要だと思っています。例えば、 ジェンダー。女子、女性の抱えるこの時期 特有の困難について、もちろん男子、男性 にもあるのですが、そういう対象のグルー プ化などの視点は、事業化する際に必要だ と思います。

　二つ目は、島しょ地域などの子供たちへ のアプローチについてです。教育機会均等 の観点は、具体の施策としては大事になる と思います。

　三つ目は、繰り返し出るテーマですけれ ども、学校教育との連携をどう図るのかと

いうことも課題になると思います。例えば、都立高校でも、「総合的な探究の時間」であるとか、総合学科高校の「産業社会と人間」などとは、カリキュラム上でも比較的タイアップできそうな感じがします。

最後は、中学生です。区市町村の教育委員会とどう連携していくのかという課題があります。

梶野：今回は、「青少年教育」というテーマのもとで、自由闊達に議論した方がいいと考え、あえて、学校教育との関係性を前面に出した議論にしてきませんでした。平成15年に立ち上げた第5期東京都生涯学習審議会から第10期までは、学校教育を支援することは、社会教育の中でも重要だということを審議していただいていたのですが、今回はあえて学校の外の部分にフォーカスを当てていただきました。

酒井副会長がおっしゃるように、施策化の段階で、広くあまねく青少年に機会を提供していくにあたっては、高校生については、高校との連携は有効だと考えています。特に18歳以上の青年層に学習の機会を提供していくためには、高校生段階からの働きかけが重要だと思っています。「総合的な探究の時間」など、シチズンシップに関わる部分で、高校とどういう連携を図っていけるのかという点は、施策展開に広がりを持たせるために重要だと考えています。

笹井：現代の青少年が抱える課題というのは、単に学校教育という場において生じているのではなくて、学校外の状況下も含めて、彼ら彼女らを取り巻く環境全体において様々な要素が絡み合う中で生じているわけですから、教育する側も、連携や協働という視点に基づいた対応が不可欠だと考えています。しかしながら、学校教育はシステム化された教育ですから、組織性や計画性などに基づいてきちんとしたマネージメントが確立されている一方、社会教育の場合は、組織性や計画性がある場合でも比較的ゆるやかで、言うなれば、ボランタリズムを基本としています。それゆえ、両者が連携・協働を行うにあたっては、両者の違いを認識しつつ、適切にコーディネートできる「連携・協働の担い手」が必要になってきます。

梶野：そうした役割を、誰が、どういう形で担うのかということはポイントだと思っています。建議では、ユニバーサル・アプローチの視点を持って事業に取り組んでいるNPOとの連携が重要とされていますが、NPOと連携して事業を実施していくにしても、その事業に、面的な広がりを持たせるにはどうしたらいいのかということは、今後、施策化していくにあたって、非常に重要な課題だと認識しています。

＊ささい・ひろみ：玉川大学特任教授
＊＊さかい・あきら：上智大学教授
（出典：「とうきょうの地域教育」No.144. 2021年）

2 ヨーロッパのユースワークに見る これからの青少年教育

両角達平*

両角達平さんは、スウェーデンのストックホルム大学大学院で、国際比較教育論を学び、ヨーロッパ、スウェーデンにおけるユースワークなどの若者政策について、日本との比較研究をされています。第11期東京都生涯学習審議会において、ヨーロッパ及び北欧における若者政策の取組について報告をしていただき、その後の審議の参考とさせていただきました。今回は、建議についての御感想を伺うとともに、今後の青少年教育施策の課題、重要な視点などについて、ヨーロッパの若者施策に照らして伺いました。（聞き手：梶野光信）

青少年教育・若者支援・ユースワークをつなぐ

梶野：建議を読んでいただいた率直な感想をお聞かせいただけますでしょうか。

両角：青少年教育とユースワークの関係というわかりにくいものを、丁寧に整理していただいたと評価しています。かつ、その若者支援、若者政策の分野でも論じられている脱工業化以降の若者の社会参加という文脈において、子ども・若者支援についても述べられている点で、若者支援と青少年教育とユースワーク、この三つの要素が繋がった建議だと思いました。

今まで日本では、各論でしか整理されてきませんでした。この建議を、周囲の関係者に情報提供したところ、「こんなにわかりやすいものはない」と評価している人が多かったです。

梶野：そのような評価をいただいているということは、担当者としては嬉しい限りです。各論は各論であっていいのだと思うのですが、これからの青少年に関する施策の在り方についていえば、各論を横断的に捉え、実施していく方法をどう示していくのかということが重要だと考えています。

現在、行政では、青少年施策について、どこが所管するのかということが明確になっていないことは課題だと考えています。

建議では、東京都では青少年教育の振興は社会教育で行うこととしていますが、区市町村の所管は、必ずしも社会教育が担うべきとはせず、各自治体の考え方があってもいいと考えています。しかし、少なくとも責任を持って施策を推進する行政のセクションを明確にすることは重要だと思います。

両角：日本の若者政策の実行力の弱さというのが、課題としてあると思います。まず、国レベルのナショナルユースポリシー、

NYP（National Youth Policy）に対して、地域レベルのローカルユースポリシー、LYP（Local Youth Policy）ですが、この二つが必要です。この二つがしっかりとないところで、今、日本では、ユースワークとか、青少年教育、若者支援が語られています。

それぞれの施策的な目的はあるのですが、それをだれが担うのかという位置付けがきちんとされていない。各自治体レベルでも明確な位置付けがない中で、だからこそ、この建議で、若者支援と青少年教育とユースワークの三つを繋げて語られているということは、そのことが若者政策の考え方として示され、それを推進する実践として政策的に位置付けようという試みなのだと思いました。

ユースワークという視点から建議をみると、「教育的」な文脈に回収されている傾向にあるとは思いましたが、建議のテーマが青少年教育ですから止むを得ない点ではあります。

そこで、逆に伺いたいこととして、青少年教育、コースワーク、若者支援の上位概念としての若者政策の目的は何かというものが、建議ではあまり触れられていないのですが、その辺りはどうお考えになりますか。

ユースワークをどう捉えるか

梶野：確かに審議の過程では、委員からユースワークについて、今の国際的な流れでみるとより広い概念の言葉として使わなくてはいけないのではないかという指摘もありましたが、この建議では、ユースワークを青少年教育の一手法として位置付けたという経緯があります。

改めて、ユースワークの概念をどう捉えるかについて、教えていただけますか。

両角：EUが、2001年に「若者白書」を出してから、ヨーロッパの若者政策が実行力を持ちました。2009年にEU理事会が「青少年分野におけるEUの協力についての新たな枠組み（2010-2018）」を採択し、ユースワークを若者政策の実施主体として取り上げたことから、第1回欧州ユースワーク大会が2010年に開催され、第2回が2015年に、第3回が2020年に開催されました。汎欧州レベルでは、ユースワークの定義付けは2017年5月の欧州評議会・閣僚委員会による勧告文によって明示されました。[1]
その定義によりますと、「ユースワークとは、グループあるいは、個々人での、若者による若者とともに行う若者のための社会、文化、教育、環境、政治的な性質を持つ、様々な活動をカバーする広義の用語である」とされています。また、「ユースワークは有償もしくはボランティアのユースワーカーによって提供され、若者と若者の主体的な参加に焦点を当てた、若者のノンフォーマルかつインフォーマルな学びの過程に基づく。ユースワークは本質的には社会的実践であり、若者や若者が生きる社会に働きかけ、若者が地域社会や意思決定に積極的に参画し包摂されることを促進する」とされています。この定義の中の教育的要素は「学び」という言葉くらいです。

梶野：社会教育の概念には、政治教育が含まれるので、学びの側面全体からすると、社会教育では、教育的とか、政治的とか、文化、社会、全部にアプローチすることは可能となります。

両角：その点では、社会教育の理念や歴史、範疇などを見ると、ユースワークととても似ているなと思いました。

ただ、この建議を読んで改めて気づいたのですが、日本のこれまでの青少年教育は、自己のアイデンティティを発見するとか、自立する、社会性を身に付けるというような、内面形成、成長などといった、「縦軸」について語られていて、「横軸」については触れられていないと思いました。「縦軸」、「横軸」とは何かというと、「縦」は、成長や学びなどを含んだ主体性という軸で、「横」は、人権や民主主義、社会正義や連帯、シチズンシップといった価値観の軸です。成長、社会性、スキルなどを身に付けるなどは、「縦軸」のみに触れているということです。（図1参照）

梶野：建議で参照している「青少年教育」は、昭和49（1974）年の社会教育審議会建議「在学青少年に対する社会教育の在り方について」です。随分前のものなので、時代遅れの感が否めませんが、ただ、この建議以降、今まで国から青少年教育の考え方は提示されていないのが現状です。

両角：現在も、こうした縦軸的な要素を強調していると思いました。青少年に大事なことは、役割や責任感を持たせるとか、社会性の発達であるとか、それらの力を獲得するための経験が大事、体験が大事と言われています。それらは全て縦軸です。縦軸だけでしたら、戦中の非民主的だった青少年団体育成と変わりません。集団活動の中で、主体的に成長して、訓練を受けて、技術も上げて、結局、戦地へ赴いてしまうことが良しとされてしまう、それと変わらないように思います。

シチズンシップの視点を重視する

両角：例えば、ヨーロッパのシチズンシップ教育の文脈では、シチズンシップの三要素として、共同体への参加（社会参加）、社会的道徳的責任だけでなく、政治的リテラシーが必要だとされています。その「シチズンシップ」もまた、「横軸」に含まれ、民主的か非民主的ではないかという価値判断の要素が入ってきます。この「横軸」こそが、これからの日本の若者政策で重要な要素になってくると思っています。

建議の後半では、シチズンシップ、市民性とかには触れられていますが、そこにさらに踏み込んでいくというのが、次の段階だと思っています。

私がスウェーデンで学んだ一番重要なことは、その横軸という指標です。

梶野：ありがとうございます。今後の私どもに対する期待ということで受け取らせていただきます。

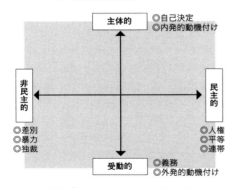

図1 主体性と民主性のマトリクス

（出典）両角達平『若者からはじまる民主主義』萌文社、2021年

次にお伺いしたいことですが、日本の青少年の現状についてはどう見ていらっしゃいますか。図2ですが、これを見ると、日本の青少年、若者がいかに学校という枠の中に置かれているのかということがわかりやすく表れています。スウェーデンの若者の様子はいかがですか。

両角：日本の若者の社会参加に関する意識の傾向というのはこの図のとおりだと思うのですが、スウェーデン人も、そんなに政治への関心が高いわけではないというデータも実はあったりするのです。とはいえ、選挙の投票率は高いです。第二次世界大戦後の平均投票率は、82％です。それは、選挙が4年に1回しかないためということもあります。

日本の若者を見ていて特に感じるのは、彼らは、私的なネットワーク、自分の親密圏、身近な友人などの近い関係の中を大事にするということで精一杯なのだということです。それが崩れたら自分の世間というか、様々な力学が崩壊して生きづらくなってしまうことをとても恐れていて、そうならないために必死に身近な世界だけを守っているように見えます。パブリック、社会に興味がないわけではないのでしょうが、とにかく学校内などの身近な人間関係の方でのストレスがすごく多いように思えます。僕は、「気にしすぎ芸人」って命名していますが、過度な規範意識があるように思います。なぜそうなるかというと、他人指向型で生きていくことが当たり前になっていて、人間関係として当たり障りないコミュニティができると、原理的なものが相まって強い権力関係ができてしまうのだろうと

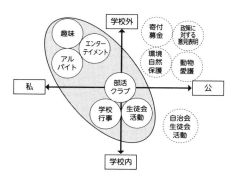

図2 日本の高校生の社会参加に関する意識の傾向

(参考) 国立青少年教育振興機構「高校生の社会参加に関する意識調査報告書——日本・米国・中国・韓国の比較」2021年6月 p.78

思います。

本来、教育とは、そうした構造を意図的に解体して、みんな平等に安心して育つことができる空間を保障するものであるはずなのに、今の日本の教育の現場では、そのように十分に機能しているとは言い難いと思います。

ユースカルチャーへの着目

梶野：これまでの学校教育では、児童・生徒に、社会性を学ばせる、社会貢献意識を身に付けさせるという考え方が主流だったかと思います。学校教育でも主体的・対話的で深い学びを追究しようという動きが進んでいこうとしていますが、学校外のアプローチでは、どのような働きかけ方があるのでしょうか。

両角：若い世代に、こんな大人になってもらいたいとか、こういう活動をやってもらいたいなど、教育的、目的的に関わりかけることの限界をきちんと自覚して、ユース

カルチャーがどこで生まれるのかを探り、それが生まれる環境を整えるアプローチをしていくことが重要だと思います。それがユースワーク的なアプローチです。

日本では若者のグループ活動などに、集団学習の価値を見いだそうとしますよね。ですが、ユースワーク的な考え方でいうと、それは、単なる仲間たちの自由な活動でよくて、そこでは、「学び」が第一義的な目的となっていなくてもいいのです。むしろ、余暇を自由に過ごすことが大事で、究極的には余暇に「目的」なんてなくていいのです。だけど、その結果、逆説的ですが、内発的な学びが最大化されるのです。

余暇をきちんと保障して、その余暇の時間を使って、学ぶ人もいるし、学ばない人もいる。余暇というのはそれでいい、ということが大前提です。そのうえで、学校の部活動やクラブ活動に参加する人、ユースセンターに行く人、どこにも参加せずに、どこにも行かない人がいてもいいわけです。若者たちが自分たちで決めることです。

それから、「体験」が大事といわれていますが、「疑似体験」は意味がないと思います。社会参加調査[※2]でも明らかになったことですが、若者の社会参加をしたいという意識の高まりは見えてきているのですが、自分達の意見が重要視されているとか、影響力があるとは思っていない人が多いのです。子供のころから、自分達の意見を周囲（社会）が受け取って、なんらかの影響力を持ったという体験が乏しいのではないかと思います。

学校だったら、きちんと生徒の意見を聞いて、その意見を学校内で校則などに反映させるなどの基本的なコミュニケーションが大事になってくるのだと思います。反映できなくてもそのプロセスで丁寧なやりとりがあることがポイントです。

日常的なそういった経験の積み重ねをしないで、体験学習とか、疑似的な体験ばかりを重ねても、若者は、どうやったら大人から、あるいは学校から評価されるかということばかり身に付けてしまうと思います。

梶野：むやみな体験とか、活動とかはかえって弊害になるということはありますね。何もしなくても、一人で過ごして、内省する時間は大事ですよね。SNSでのコミュニケーションも含めて、簡単に不安などを解消してくれるツールは、実は子どもから一人になる時間を奪っているということはあると思います。

宿泊型の施設などでも、プログラム化しすぎることの弊害っていうのがありますよね。プログラムを提供して、参加者を集って、実施したら、それで終了ということではいけないと思っています。事業を実施するにしても、プロセスを重視するようなプログラムの組み方をしなくてはいけないと思います。

建議でも提案されていますが、ユニバーサル・アプローチの青少年事業を展開しているNPOなどと連携して、真に青少年のニーズを捉えた取組を支援していくことが必要だと考えています。また、そうした団体の取組が継続して行われるような条件整備、仕組みなども検討していきたいです。

両角：そこで重要なのは、若者の当事者団体の場合には、組織構成を常に若返りが促進されるようにすることです。スウェーデ

ンの助成金対象団体の条件が参考になると思うのですが、青少年団体といった場合、16〜25歳の若者が6割を占める団体を優先することになっています。4割は26歳以上でもいいのです。一定割合の会員が「ユース」であるということを維持することが大事です。つまり、世代交代が行われることが重要視されています。この割合が、団体の若返りを担保しつつ、多様性も保ち、世代間の引き継ぎもできるようにしています。

梶野：なるほど、参考にさせていただきます。建議を踏まえた施策化していくにあたり、勉強になることをたくさん伺えました。ありがとうございました。

［注］

※1 両角達平，津富宏．（2021）．「ユースワーク：欧州評議会・閣僚委員会により2017年5月31日に採択された勧告CM/Rec（2017）4及びその説明のための覚書」（翻訳）．国際関係・比較文化研究, 20（1），171-196.

※2 両角達平「高まる社会参加の意識 発揮できない影響力—日本の若者は「自分本位」なのか—」（独法）国立青少年教育振興機構
「高校生の社会参加に関する意識調査報告書—日本・米国・中国・韓国の比較—」2021年6月

*もろずみ・たつへい
独立行政法人国立青少年教育振興機構青少年教育研究センター研究員（当時）

（出典：「とうきょうの地域教育」No.144. 2021年）

本書のテキストデータを提供いたします

　本書をご購入いただいた方のうち、視覚障害、肢体不自由などの理由で書字へのアクセスが困難な方に本書のテキストデータを提供いたします。希望される方は、以下の方法にしたがってお申し込みください。

◎データの提供形式＝CD-R、メールによるファイル添付（メールアドレスをお知らせください）。

◎データの提供形式・お名前・ご住所を明記した用紙、返信用封筒、下の引換券（コピー不可）および200円切手（メールによるファイル添付をご希望の場合不要）を同封のうえ弊社までお送りください。

●本書内容の複製は点訳・音訳データなど視覚障害の方のための利用に限り認めます。内容の改変や流用、転載、その他営利を目的とした利用はお断りします。

◎あて先
〒160-0008
東京都新宿区四谷三栄町 6-5 木原ビル 303
生活書院編集部　テキストデータ係

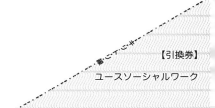

【引換券】
ユースソーシャルワーク

［著者紹介］

梶野光信
（かじの　みつのぶ）

1967年生まれ。早稲田大学大学院教育学研究科博士後期課程単位取得退学、博士（教育学）。

1993年4月東京都教育庁に社会教育職として採用、2019年4月から主任社会教育主事（2024年3月まで）。

現在、日本大学文理学部教育学科教授。

主要著書に、「東京都の社会教育行政史——生涯教育・生涯学習施策の登場以降」東京社会教育史編集委員会編『大都市・東京の社会教育——歴史と現在』（エイデル研究所、2016年）、「子ども・若者を支援する行政との連携・協働の課題」田中治彦・萩原建次郎編『若者の居場所と参加——ユースワークが築く新たな社会』（東洋館出版社、2012年）など。

ユースソーシャルワーク
──社会教育行政の新たな役割

発　行	2025年3月25日　初版第1刷発行
著　者	梶野光信
発行者	髙橋　淳
発行所	株式会社　生活書院
	〒160-0008
	東京都新宿区三栄町 17-2 木原ビル 303
	ＴＥＬ 03-3226-1203
	ＦＡＸ 03-3226-1204
	振替 00170-0-649766
	http://www.seikatsushoin.com
印刷・製本	株式会社シナノ

Printed in Japan
2025 © Kajino Mitsunobu　　ISBN 978-4-86500-185-3

定価はカバーに表示してあります。
乱丁・落丁本はお取り替えいたします。